Über dieses Buch Das Dorf Blinding in der Eifel ist ein sterbendes Dorf. Nur die Alten leben hier noch. Und Kathrin, die nach dem Tod der Großmutter zurückgekehrt ist, um ihren blinden Großvater zu betreuen. Nur eine einzige Straße führt zu dem Dorf, an dem die moderne Zeit fast spurlos vorbeigegangen zu sein scheint. Im Winter ist es oft viele Tage lang von der Außenwelt abgeschnitten. Doch Angst – so wie früher, als es noch Wölfe in der Gegend gab – kennen die Alten schon lange nicht mehr – bis eines Tages drei junge Männer aus einer rheinischen Großstadt ihr Dorf heimsuchen...
Henze, ein midlife-geplagter Ehemann auf Abwegen, ist während der Fahrt in ein romantisches Wochenende mit seinem Wagen in einer Schneeverwehung steckengeblieben. Nach einem mehrstündigen nächtlichen Fußmarsch querfeldein durch den Tiefschnee steht er vor dem einzigen noch beleuchteten Haus des Dorfes. Drei junge Männer empfangen ihn kumpelhaft-fröhlich, sie holen seine Freundin aus dem eingeschneiten Auto, flirten mit ihr und spielen sich als Gastgeber auf. Trotz seiner Eifersucht akzeptiert Henze das Angebot, bis Montagmorgen zu bleiben und dann seinen Wagen abschleppen zu lassen. Noch ahnt er nicht, daß sie in ein Alptraum-Szenarium geraten sind...
Mit ›Wölfe in Blinding‹ hat Klaus Fröba einen atmosphärisch dichten Thriller geschrieben von einer Gänsehaut erregenden Spannung, die den Leser bis zum dramatischen Schluß nicht losläßt.

Der Autor Klaus Fröba, Jahrgang 1934, nach eigenem Bekunden dreißig Jahre aus beruflichen Gründen Vagabund zwischen Elbe und Alpen, jetzt zwischen Rhein und Eifel seßhaft geworden, ist seit zwei Jahren freier Schriftsteller. Mehr als vierzig Kinder- und Jugendbücher und mehrere Kriminalromane hat er unter verschiedenen Pseudonymen veröffentlicht, *Wölfe in Blinding* ist der erste Roman, der unter seinem bürgerlichen Namen erscheint.

Klaus Fröba

Wölfe in Blinding

Roman

Fischer
Taschenbuch
Verlag

Originalausgabe
Veröffentlicht im Fischer Taschenbuch Verlag GmbH,
Frankfurt am Main, November 1988

Umschlaggestaltung: Rambow, Lienemeyer, van de Sand
Titelfoto: © BAV – Helga Lade, Fotoagentur
Satz: Fotosatz Otto Gutfreund, Darmstadt
Druck und Bindung: Clausen & Bosse, Leck
Printed in Germany
ISBN 3-596-28293-4

Es ist wahr, daß es das Dorf Blinding nicht gibt – und in Deutschland kein anderes Dorf, in dem nur ein Dutzend alter Leute lebt und in das nur eine Straße führt und eine Telefonleitung. Aber es ist auch wahr, daß es die Gewalt gibt und die Angst vor ihr und die Hilflosigkeit derer, die ihr begegnen – in Blinding und anderswo.

1

Das Dorf lag geduckt im Schnee, zugeschüttet von der weißen Last. Vor vier Tagen hatte es hier oben zu schneien begonnen, vor vier Tagen schon, als sie sich unten in den Tälern noch wegen der nächtlichen Kahlfröste sorgten und Fichtenzweige über die Rosenbeete legten. Schon am Dienstagabend hatten die Häuser im Dorf weiße Hauben aufsitzen, und um die Fundamente lag der Schnee wie ein Kragen aus feinem Pelz, bis über die Sockel der Kellerfenster hinaus. Die Winter waren immer streng hier oben; wenn sie im Radio von überfrierender Nässe und von Straßenglätte redeten, dann meinten sie nicht das Dorf, sie meinten die anderen Dörfer, die unten lagen, wo es im März schon Frühling wurde und im November noch Herbst war. Über das Dorf redeten sie im Radio nie.

Es lag eingeschmiegt in die Bodenfalte, fünfzehn Häuser, auf beiden Seiten der Straße. Es war die alte Landstraße, die früher nach Lützenborn geführt hatte und weiter ins Belgische, bis vor sechs Jahren noch. Dann hatten sie die Brücke über den Katzbach gesperrt, bald nachdem die rechte Begrenzung abgebrochen war, der gemauerte Steinwall; er war in die Schlucht gestürzt und hatte ein Stück aus der Fahrbahndecke mitgerissen. Jetzt führte die Straße nur nach Westen weiter, nach Rodersfelden. Es gab andere Wege, auf denen man gehen, aber nur diese eine Straße, auf der man fahren konnte, und nur nach Rodersfelden oder von dort zum Dorf. Die Düsseldorfer fuhren auf dieser Straße ins Dorf, im Sommer jedenfalls, und der Postbote, der einmal in der Woche kam, es sei denn, die Straße war unpassierbar. Im Frühjahr geschah das, zur Zeit der Schneeschmelze, wenn die Ihre über die Ufer trat und das Straßenstück am Fuße des Ützkopfs unter Wasser setzte, oberhalb vom Kreuzweg. Und in strengen Wintern geschah es ein paarmal, nie sehr lange. Nur, so zugeschneit, wie heute, war das Dorf selten.

Vor vier Tagen hatte es angefangen, es war ganz normal gewesen, Schnee, wie sie ihn in den späten Januartagen hier oben immer hatten. Aber heute waren die Schneefälle heftiger geworden, ungewöhnlich für das Mittelgebirge, und gegen Mittag war Sturm aufgekommen und hatte noch mehr Schnee vor sich hergetrieben, zuviel Schnee.

Sie klagten nicht, sie verloren kein Wort darüber, übers Wetter zu reden, war vertane Zeit. Und wenn ihre Bauerngesichter, gegerbt vom Regen und vom Wind, mit tief eingegrabenen Runen gezeichnet von den Jahren eines langen Lebens, von denen viele hart und entbehrungsreich gewesen waren – wenn diese Gesichter heute düsterer aussahen als sonst, dann hatte das nichts mit dem Schnee zu tun.
Es kümmerte sie nicht, daß die Landstraße nach Rodersfelden zugeschneit war. Sie machten sich keine Gedanken darüber, wie lange das Dorf abgeschnitten bliebe. Sie hatten nicht viel mit der Welt da draußen zu tun.
Vielleicht, wenn der Strom ausgefallen wäre... Ans elektrische Licht waren sie inzwischen gewöhnt, auch ans Radio – und die meisten von ihnen ans Fernsehen; sonst hätten sie nicht viel vermißt. Aber wenn der Strom ausgefallen wäre, hätten sie die alten Leuchten vom Speicher holen und in der Scheune den Kanister schütteln müssen, ob denn genug Petroleum übriggeblieben wäre, sonst lohnte es ja nicht, die Lampen anzuzünden. Notfalls wußte Marthe, wie man Talglichter macht, die rußenden, stinkenden Stumpen, die sie noch aus Kindertagen kannten. Nur, sie waren nicht sicher, ob sie genug Talg gefunden hätten und ob Marthe mit ihren gichtigen Händen die Lichter überhaupt noch formen konnte. Der Strom – das wäre etwas anderes gewesen, den hätten sie schon vermißt, denn er brachte ihnen das Licht in die Häuser und Musik und Bilder. Aber er war ja nicht ausgefallen, das war noch nie geschehen. Was freilich nichts heißen mußte, denn auch das, was ihnen jetzt widerfuhr, seit vier Tagen, war vorher noch nie geschehen.
Sonst scherten sie sich nicht viel um die Welt da draußen. Hinter der Straßensenke, jenseits vom Kreuzweg gab es nichts, was sie sich für ihr Dorf wünschen konnten. Keinem wäre eingefallen, sich nach den Bequemlichkeiten zu sehnen oder gar die zu beneiden, die dort wohnten, in Rodersfelden oder weiter darüber hinaus, in den Dörfern im Tal oder in den Städten.
Sie empfanden auch keinen Haß, obwohl sie manchmal dachten, sie hätten Grund, die Welt da draußen und die neue Zeit zu hassen. Vieles war ihnen genommen worden, vor ein paar Jahren sogar der Name ihres Dorfes: auf einmal, war denen in einer Amtsstube eingefallen, sollten sie ein Teil von Rodersfelden sein. Sie hatten den Namen nicht hergegeben, für sie hieß das Dorf weiter Blinding, so wie es immer geheißen hatte.

Am schlimmsten war, daß die neue Zeit ihnen die Kinder weggenommen hatte, die Söhne und die Töchter. Christian Görres war der erste gewesen, der seine Sachen gepackt hatte und weggegangen war, und damals hatten sie gedacht: Es wird eben immer welche geben, denen das Leben hier oben zu eintönig ist, die es hinauszieht, weil sie neugierig sind oder sich nicht bescheiden wollen. Von denen wird es immer welche geben, so wie seinerzeit in den späten zwanziger Jahren, als zwei aus dem Dorf sogar nach Amerika ausgewandert waren. Aber wer weiß, hatten sie gedacht, ob sie draußen finden, was sie suchen. Von den beiden, die nach Amerika gegangen waren, hatte man ja auch nie wieder etwas gehört. Und dann, als wenig später Christians Eltern gestorben waren, kurz hintereinander, hatten ein paar im Dorf gesagt, es wäre wohl eine Fügung gewesen, der liebe Gott hätte es so eingerichtet, daß Christian nicht allein zurückbleiben sollte, weil er nicht für das Leben im Dorf gemacht war. Trotzdem, es war nicht recht gewesen, daß er nicht zur Beerdigung gekommen war. An Lisbeths Grab hatte er nicht gestanden, und nicht an Jakobs, wahrscheinlich hatte er es nicht rechtzeitig erfahren. Wer hätte es ihm auch sagen sollen, wenn doch keiner wußte, wo er hingegangen war?
Christian Görres war der erste gewesen, und sie hatten gedacht: Es wird immer welche geben, denen es hier zu eng wird. Aber dann war Lotte Zavelberg gegangen, sie hatte nach Rodersfelden geheiratet. Und die beiden Söhne von Anna und Wilhelm Honert waren weggegangen, weit weg, irgendwohin in eine Stadt, und die Kinder von Paul und Mathilde Kahlen, alle drei, und Josef Küppers Söhne, von heute auf morgen, mein Gott, Theresa hatte es fast das Herz gebrochen. Die Lanzeraths waren weggezogen, die jungen Leute, sie hatten den Großvater einfach alleingelassen. Aber Kathrin war zurückgekommen, vor zwei Jahren; kurz nachdem Georg Lanzerath blind geworden war, war sie heimgekommen, sie mußte es irgendwie erfahren haben.
Die Welt da draußen und das neue Leben waren schuld daran, sie hatten ihnen ihre Kinder weggenommen. Trotzdem empfanden die Leute im Dorf keinen Haß. Sie hatten sich längst angewöhnt, alles hinzunehmen, wie es kam, die Schneeschmelze im Frühjahr, wenn die Ihre über die Ufer trat, und die strengen Winter, die das Dorf mit Schnee zuschütteten, und den Verlust ihrer Kinder, die nicht mehr in Blinding bleiben wollten, weil

sie sagten, es wäre ein sterbendes, vergessenes Dorf, so vergessen, daß niemand glauben mochte, es könnte überhaupt noch ein solches Dorf geben – heutzutage und in einem Land, in dem sie überall Fabriken bauten und Autobahnen und Flughäfen und Atommeiler, all die Dinge, über die sie im Fernsehen und im Radio dauernd redeten und stritten.
Manchmal dachten sie: Sie haben ja recht gehabt, die Kinder, es wird dieses Dorf nicht mehr lange geben, wir sind nur noch ein Dutzend, alle über Sechzig, die meisten über Siebzig und Georg Lanzerath schon in den Achtzigern, lauter alte Leute, außer Kathrin, aber Kathrin würde natürlich nicht bleiben, wenn ihr Großvater gestorben war. Manchmal dachten sie freilich auch: Wenn die Kinder geblieben wären und die Söhne sich Frauen aus anderen Dörfern geholt hätten und wenn die Frauen ihrer Söhne ihnen Enkel geboren hätten, dann müßte das Dorf nicht sterben.
Aber sie hielten sich nie lange bei solchen Gedanken auf. Es war sinnlos zu hadern, sie hatten sich längst angewöhnt, alles hinzunehmen, wie es kam. Sie haßten die Welt da draußen nicht, was immer sie ihnen auch angetan hatte, und bis jetzt, bis vor vier Tagen, hatten sie nicht einmal die gehaßt, die von draußen zu ihnen gekommen waren. Die Düsseldorfer zum Beispiel, Klebusch hießen sie – aber im Dorf waren sie nur ›die Düsseldorfer‹.
Christian Görres hatte ihnen das Haus verkauft, vor drei Jahren, und dann waren Maurer gekommen und Zimmerleute und Maler, und das Haus war umgebaut worden und verputzt, und Balken hatten sie eingezogen und einen Kamin gesetzt und weiß Gott was alles. Es lag zwar im Dorf, das Haus, das einzige, bei dem die Außenmauern verputzt waren, aber es gehörte nicht mehr zum Dorf, es gehörte den Fremden.
Im Sommer kamen sie fast jedes Wochenende, brachten Freunde mit und feierten ihre Gartenfeste, bis spät in die Nacht hinein. Dann wurde es laut im Dorf, so laut, wie es in einem Dorf nicht sein soll, schon gar nicht in der Nacht zum Sonntag. Aber sie sagten nichts dazu, sie wollten sich nicht einmischen, es waren eben die Fremden, und sie gingen ja wieder, spätestens am Montagmorgen stiegen sie in ihre Autos und fuhren davon, meistens schon am Sonntagnachmittag. Es war nicht ihre Art, anderen dreinzureden, solange nur die anderen nicht versuchten, ihnen in ihr Leben zu reden.

Das war nun alles anders geworden, seit vier Tagen haßten sie die Fremden. Aber ihr Haß war ohnmächtig, sie konnten nichts tun, nichts anderes als das, was sie immer getan hatten: alles so hinnehmen, wie es war, und warten, bis es vorüber war, so wie die Schneeschmelze im Frühjahr und die strengen Winter.
Mathilde Kahlen saß in der Stube auf einem Stuhl; es war ein harter Stuhl mit gerader Lehne, ihr Großvater hatte ihn gemacht, genau wie den Tisch, vor dem der Stuhl stand, ein Tisch mit einer Platte aus rauhem Holz, zernarbt von unzähligen Messerschnitten. Sie hielt die Hände gefaltet, aber sie betete nicht, man kann nicht hassen und beten zugleich.
Sie dachte an die drei Männer, die ins Dorf gekommen waren, vor vier Tagen war das gewesen, als der Schneefall einsetzte. Sie waren mit einem Auto gekommen, einem, das ganz anders aussah als die Autos, mit denen die Düsseldorfer und ihre Freunde im Sommer kamen, ganz anders, eher wie ein großer Kasten auf Rädern. Drei junge Männer waren es, nicht viel älter als Kathrin, und sie waren geblieben und hatten sich das Haus der Düsseldorfer genommen – und nicht nur das, sondern viel mehr: dem Johannes Zavelberg die Flaschen mit dem selbstgebrannten Obstschnaps, der Marthe Bürvenich den Kräuterlikör, aus Emma Jaschobs Keller fast alle Äpfel, auch die Schneeschuhe hatten sie ihnen weggenommen, den Männern die Äxte und die Beile und dem Josef Küppers sogar die Repetierbüchse und das Weidmesser. Zu essen verlangten sie, von allem das Beste, und als ihnen Schinken und Dörrfleisch nicht mehr gut genug gewesen waren, hatte Wilhelm Honert ein Zicklein für sie schlachten müssen.
Sie hatten ihnen viel weggenommen, jeden Tag ein bißchen mehr, und das allein wäre schon genug gewesen, um die jungen Fremden zu hassen, aber am schlimmsten war es, daß sie ihnen ihren Stolz genommen hatten. Alles andere konnten sie wieder beschaffen – beim Kaufmann drüben in Rodersfelden, Josef Küppers und Johannes Zavelberg brauchten nur hinüberzugehen, wie sie es immer taten, weil sie die rüstigsten waren – und auch die jüngsten, noch nicht einmal Siebzig. Sobald der Schnee geschmolzen war, konnten sie losgehen, drei Stunden brauchten sie hin und zurück, nicht viel länger. Und bis der Frühling kam, Anfang Mai, vielleicht sogar schon Ende April, war alles vergessen. Nur, daß die jungen Fremden ihnen auch ihren Stolz genommen hatten, daran würden sie länger denken.

Mathilde Kahlen wandte den Kopf und schaute auf die Wanduhr, dann sah sie Paul an und sagte: »Du mußt hingehen und Holz nachlegen. Um sechs sollst du Holz nachlegen, haben sie gesagt. Und dann mußt du Wilhelm holen, damit ihr Josef und Johannes ablösen könnt. Die beiden schippen jetzt schon fast zwei Stunden.« Sie sagte es leise und ruhig, aber in dem harten Dialekt, in dem sie sprach, hörte es sich rauh und grob an, wie ein Befehl.
Der Mann sah auf, er runzelte die Stirn, er wollte auch das Kinn trotzig vorrecken, aber es gelang ihm nicht, weil der Kiefer schmerzte, rechts vom Kinn, wo der Mundwinkel herabhing, da, wo Mathilde ihm das Leinensäckchen mit gebrühter Kamille aufgelegt und mit zwei Heftpflastern festgemacht hatte.
»Die sollen sich ihr verfluchtes Holz selber auflegen«, sagte Paul Kahlen. »Ich mach's ihnen nicht.«
Mathilde Kahlen stand auf, ging um den Tisch herum, bis sie hinter Pauls Stuhl stand. Sie legte ihm die Hände auf die Schulter, und sie wußte, daß es nicht Schmerz, sondern Überraschung war, was ihn zusammenzucken ließ, Verblüffung, weil es nur noch selten vorkam, daß sie einander berührten.
»Es ist nicht, weil sie gesagt haben, daß du es tun sollst. Tu es, weil ich dich darum bitte. Es ist besser so. Und in ein paar Tagen, wenn der Schnee schmilzt, ist alles vorbei, das weißt du selber.«
Sie ließ die Hände auf seinen Schultern liegen, er verstand, daß sie ihm noch mehr sagen wollte, und wartete.
»Vorhin, als ich gesehen habe, wie Josef und Johannes den Weg freischaufeln zum Haus der Düsseldorfer, ist mir eingefallen, was meine Mutter mir erzählt hat. Hier in der Küche war es, da drüben habe ich gesessen, neben dem Herd.« Sie deutete mit dem Kopf auf das Fußbänkchen, und das Lächeln, das auf einmal um ihre Lippen lag, war ganz von allein dorthin gekommen; ihre Erinnerungen mußten es dorthin geschickt haben, sie hatte nicht lächeln wollen.
»Früher sind die Wölfe bis ins Dorf gekommen. Meine Mutter hat es nicht selbst erlebt, aber ihr Vater hat es ihr erzählt. Immer wenn die Winter sehr grimmig waren und der Schnee so hoch lag, daß sie die Hoftore offengelassen haben, damit sie sie nicht jeden Morgen wieder freischaufeln mußten. Mit dem Schnee sind die Wölfe gekommen, und am Anfang haben die Männer versucht, sie mit Stöcken und Beilen zu vertreiben.

Aber dann ist Emma Jaschobs Großvater von einem Wolf gebissen worden und gestorben; muß wohl tollwütig gewesen sein, der Wolf. Und seitdem haben sie sich nicht mehr gegen die Wölfe gewehrt. Sie haben einfach gewartet, bis der Schnee geschmolzen ist, dann sind die Wölfe weggeblieben. Es waren immer nur wenige Tage, die härtesten Wintertage. Es ist die Zeit der Wölfe, haben sie im Dorf gesagt und gewartet, bis sie vorüber war.«

Eine Weile saß Paul Kahlen stumm da, es war so, als hätten ihre Hände ihn tiefer auf den Stuhl gedrückt. Dann hob er die Schultern, schüttelte Mathildes Hände ab und stand auf.

»Wie du gesagt hast. Ich tu's nur, weil du mich darum bittest.«

Er ging hinaus in den Flur, sie hörte ihn draußen hantieren, gleich hinter der Tür, wo die Wandhaken befestigt waren. Sie konnte ihn nicht sehen, aber sie wußte auch so, was er tat, jeden Handgriff wußte sie, sogar in der richtigen Reihenfolge. Siebenundvierzig Winter lang hatte sie oft genug gesehen, was er tat, ehe er nach draußen ging. Erst schlang er den Schal um den Hals, dann zog er die dicke Jacke über, danach bückte er sich nach den Stiefeln, erst am Schluß stülpte er die Mütze auf den Kopf. Die Handschuhe vergaß er jedesmal, bestimmt auch heute. Als sie die Tür zum zweiten Mal klappen hörte, wußte sie, daß sie recht gehabt hatte.

Aber sie konnte heute nicht darüber lächeln, sie war schon dabei zu beten. Sie betete, daß Paul Kahlen einfach nur tat, was sie von ihm verlangten, und daß der Große, der mit den flakkernden Augen, ihn nicht wieder schlug.

2

Werner Henze saß verkrampft auf dem Beifahrersitz, nach vorn gebeugt, den Blick starr auf die schwankenden blaßgelben Tunnel des Scheinwerferlichts gerichtet: verschwommene Strahlenbündel, verschleiert vom Schnee, der jetzt waagerecht über die Fahrbahn getrieben wurde. Es schneite seit Stunden, eigentlich schon den ganzen Tag, aber es hatte so harmlos angefangen, mit tanzenden Flocken im ersten Morgenlicht, und der Sturm war erst viel später aufgekommen, vor einer Stunde ungefähr.

Er hielt den Kopf leicht gebeugt, um dem Schmerz auszuweichen, der von den Nackenmuskeln ausging und sich stechend, wie mit Nadelfingern, an die Schulterblätter herantastete. Er wußte, was er falsch machte. Er hätte sich zurücklehnen sollen, entspannen, Vertrauen haben zu Geli, nicht dauernd angestrengt nach vorn starren. Sie fuhr ja nicht schlecht, jedenfalls sicherer als er. Vielleicht ein bißchen zu schnell bei dem Sauwetter.
Herrgottnochmal, mußte das ausgerechnet heute passieren, vor diesem Wochenende mit ihr?
Kaltluft, hatten sie vorhin im Radio gesagt. Er erinnerte sich fast genau an den Wortlaut, weil der nüchterne Text eine Weile in seinem Kopf rotiert hatte, unablässig, wie bei einer Schallplatte, wenn sie einen Sprung hat. Zwischen einem Hoch über dem Ostatlantik und einem Tief über Lettland fließt mit einer nördlichen Strömung skandinavische Kaltluft nach Deutschland. Länger andauernde, ergiebige Schneefälle. Frischer, in Böen stürmischer Wind aus nördlichen Richtungen.
Stimmte genau. Nur, gestern hatten sie davon noch nichts gewußt. Irgendwas von teils aufgelockerter, teils dichter Bewölkung hatten sie gefaselt. Und von einzelnen Schneefällen. Auf den Wetterbericht war eben nie Verlaß. Jetzt fuhren Geli und er genau in den Schneesturm hinein, und es würde noch schlimmer werden, je höher sie kamen.
Er sah zu ihr hinüber. Sie saß zurückgelehnt, hielt das Lenkrad locker. Zu locker, dachte er. Von der Instrumentenbeleuchtung fiel matter Schein auf ihr Gesicht, zauberte einen Schimmer darauf, wie Seidenglanz. Verschwendung. Haut, die noch so jung ist, braucht keine schmeichelnden Effekte. Auch ihr kurzgeschnittenes dunkelblondes Haar bekam etwas von dem Glanz ab. Oder glänzte es immer so? Merkwürdig, daß er noch nie darauf geachtet hatte.
Sie fuhr ruhig und stetig, offenbar ohne Anstrengung. Sie hatte keine Angst. Geli hatte nie Angst, jedenfalls konnte er sich nicht erinnern, daß er jemals etwas wie Angst an ihr bemerkt hätte.
Aber vielleicht waren ihre Ängste nur von anderer Art? Es mußte auch in ihrem Leben Dinge geben, die ihr angst machten. So wie ihm die tobende Natur da draußen angst machte. Es war etwas, was er nicht vorausberechnen konnte. Er hatte keinen Einfluß darauf. Er konnte keine Anordnungen treffen, um steu-

ernd in den Ablauf einzugreifen. Das war es, was ihn unsicher machte. Denn er war daran gewöhnt, Anordnungen zu treffen, Wirkungen vorauszukalkulieren, steuernd einzugreifen. Hier draußen – auf dieser Nebenstraße, im Schneesturm – konnte er nichts tun. Er fühlte sich ausgeliefert.
»Wir hätten auf der Autobahn bleiben sollen«, sagte er. »Bis Wittlich. Und dann auf der Bundesstraße weiter, über Bitburg.«
Wir hätten überhaupt nicht fahren sollen, dachte er. Oder nicht gerade hierher. Bei so einem Wetter bleibt man, wo man ist. Wenigstens hätten wir früher losfahren sollen. Und nicht erst noch unterwegs Mittag essen, irgendwo in einem kleinen Nest, halb zwischen Köln und Bonn, an den Ortsnamen konnte er sich nicht mehr erinnern. Es hatte sie mehr als zwei Stunden gekostet. Runter von der Autobahn, das Essen, der Wein, danach zwei Calvados, beide für ihn, wieder zurück zur Autobahn. Geli war gefahren, sie hatte kaum etwas getrunken. Und er hatte sich auf einmal schläfrig gefühlt. Müde und alt.
Nicht alt, nur müde. Mit sechsundvierzig ist man nicht alt.
Trotzdem fing er wieder zu rechnen an. Dieselbe Rechnung, die er in den letzten Monaten schon so oft angestellt hatte. In vier Jahren bin ich fünfzig, rechnete er. Aber sie ist dann gerade erst einunddreißig. Und in vierzehn Jahren bin ich sechzig, kurz nach ihrem vierzigsten Geburtstag. Sie will abends tanzen gehen. Und nach dem Theater, wenn mir die Beine weh tun vom langen Sitzen, wird sie irgendwo ein süßes kleines Bistro entdecken, in dem wir noch nie waren.
Es wird gar nicht so weit kommen. Sie wird nicht bei mir bleiben, nicht so lange. Irgendwann wird sie einen jüngeren Mann kennenlernen. Sie wird genug haben von den ewigen Heimlichkeiten, vom Versteckspielen in einsam gelegenen Hotels, vom wissenden Lächeln der Portiers. Sie wird sich ein Zuhause wünschen, Kinder, einen Mann, der nur ihr gehört.
Einmal hatte er ihr das gesagt, aber sie hatte nur darüber gelacht. »Einen Mann, der nur mir gehört? Wenn ich fünfundvierzig bin, sucht er sich eine Freundin, genau wie du.«
Er glaubte ihr nicht, wenn sie so etwas sagte. Sie hatte ja noch keine Ahnung, wie man zu denken anfängt, wenn man über die Vierzig hinaus ist. Aber er hörte ihr gern zu. Es war eine angenehme Art der Betäubung. Es half ihm, nicht an Susanne zu denken, an ihr beginnendes Mißtrauen und an sein schlechtes

Gewissen, weil er wußte, daß es keine Lösung geben konnte, ohne sie zu verletzen.
Für dieses Wochenende war alles geregelt. Susanne hatte keine Chance, irgend etwas herauszufinden. Sie war zu ihren Eltern gefahren, für eine Woche. Und er war angeblich geschäftlich unterwegs, nach Hamburg. Ein Wochenendseminar. »Gut, daß es sich so trifft. Du bist ja sowieso nicht zu Hause, dann muß ich dich wenigstens nicht allein lassen.«
Heute abend würde er sie vom Hotel aus anrufen und ihr sagen: »Das reinste Chaos auf der Autobahn, einfach schrecklich. In der Innenstadt ist der Verkehr praktisch zusammengebrochen. Aber ich bin ja gut angekommen. Und bis Dienstagmorgen, wenn ich zurückfahre, haben sie bestimmt überall geräumt.«
Er durfte auch nicht vergessen, ihr zu sagen, daß sie ihn tagsüber nicht erreichen konnte. »Die stellen während des Seminars keine Gespräche durch. Sonst nimmt das einfach überhand. Du könntest mich höchstens abends im Hotel... Aber da rufe ich ja sowieso bei dir an.«
Und vielleicht, wenn Geli nicht gerade daneben stand, würde er auch sagen: »Du fehlst mir sehr.« Oder so etwas in der Art. Sie hörte das gern.
Susanne machte es ihm leicht, zu leicht. Obwohl er spürte, daß sie irgend etwas zu ahnen begann. Seit zwei, drei Monaten las er die unausgesprochenen Fragen in ihren Augen. Noch waren es stumme Fragen. Irgendwann würde sie es ihm auf den Kopf zusagen. Dann mußte er sich entscheiden. Er hatte noch keine Ahnung, wie er zu einer Lösung kommen konnte. Nur so viel wußte er: wie er sich auch entschied, er mußte zwei Menschen weh tun, Susanne oder Geli – und in jedem Fall sich selbst.
Nein, an diesem Wochenende gab es keine Probleme, egal, wieviel Susanne schon ahnte.
»Es war ein Fehler, daß wir nicht auf der Autobahn geblieben sind«, sagte er noch einmal.
»Wir sind eben nicht auf der Autobahn geblieben«, antwortete sie. Es klang sehr schroff. Ganz anders, als sie sonst mit ihm redete. Sie war also auch nervös.
Und nach einer Weile hörte er sie sagen: »Es wäre ein Riesenumweg gewesen.« Ihre Stimme hatte wieder den gewohnten Klang.
»Trotzdem, im Endeffekt wären wir schneller da gewesen.« Noch während er es sagte, ärgerte er sich über sich selbst. Es

war Unsinn, nachträglich darauf herumzuhacken. Geli hatte recht. Sie waren eben nicht auf der Autobahn geblieben, basta.
»Wer weiß, vielleicht ist auf der Autobahn der Teufel los«, sagte sie. »Meinst du, wir kommen zu spät an? Soll ich schneller fahren?«
»Nein, um Himmels willen nicht!« Sie fuhr jetzt schon zu schnell. Aber er wollte ihr nicht reinreden. Bei Susanne hätte er längst gesagt: »Drück nicht so drauf!« Bei Geli verkniff er sich das. Sie hätte wahrscheinlich wieder nur gelacht, in ihrer unverwechselbaren Art: Es fing mit einem leisen Gurren tief in der Kehle an; irgendwo da unten mußte ein Glöckchen sitzen, das schlug an, wenn das Lachen aus ihr herausbrach. Hell, unbeschwert, fast übermütig. Ein Lachen ohne Zukunftsangst. Silberhell, dachte er manchmal. Bei Susanne hätte er so etwas nicht gedacht. Es wäre ihm kitschig vorgekommen. Aber vielleicht lag das daran, daß sie sowieso selten miteinander lachten.
Mag sein, wenn sie Kinder gehabt hätten – Susanne und er –, mag sein, daß dann alles anders gekommen wäre. Wirklich? Es hatte keinen Zweck, sich selbst zu belügen. Nichts wäre anders gekommen. Er hätte seinen Arm nicht weggezogen, als Geli plötzlich neben ihm aufgetaucht war und sich bei ihm eingehängt hatte. Er hätte nicht zu ihr gesagt: »Bitte, behelligen Sie mich nicht mit Ihren Problemen. Ich bin verheiratet, Geschäftsmann, ich habe eine Menge um die Ohren.« Natürlich hätte er das nicht gesagt. Es wäre alles so gekommen, wie es gekommen war.
Es war vor einem halben Jahr gewesen, in Aachen, an einem Freitagvormittag, er erinnerte sich noch genau. Auf einmal hatte er ihre Schritte gehört, erst hinter sich, dann fast auf gleicher Höhe. Langbeinige, stelzende Schritte, die er inzwischen aus Hunderten anderer Schritte heraushörte. Und dann hatte sich ein Arm in seinen Arm geschoben, und mitten in seine Verblüffung hatte das Mädchen – ein großgewachsenes Mädchen, fast so groß wie er, dunkelblond, mit Augen, in denen man ertrinken konnte – leise zu ihm gesagt: »Drehen Sie sich jetzt nicht um. Ich brauche Ihren Schutz. Da sind zwei Männer hinter mir her, die belästigen mich.«
Er hatte die beiden Männer nie gesehen. Nicht, als sie zusammen im Café saßen und sie ihm ihren Namen nannte und erzähl-

te, daß sie in einem Versicherungsbüro beschäftigt war, und auch später nicht, als sie an den Schaufenstern entlangbummelten und sie – irgendwo im Viertel zwischen der Annakirche und Sankt Michael – ein Seidentuch in den Auslagen entdeckte und er sie fragte, ob er es ihr schenken dürfe.
Erst viel später war ihm der Gedanke gekommen, daß es die beiden Männer vielleicht nie gegeben hatte. Aber da war er schon ein paarmal in ihren Augen ertrunken und schon ein paarmal taub geworden von ihren kleinen Schreien, diesen heiser keuchenden Schreien, die ihn jedesmal schwindelig machten, und ein paarmal in ihren Armen gestorben.
Was hatte sie vorhin gesagt? Wenn ich fünfundvierzig bin, sucht er sich eine Freundin, genau wie du... So war das nicht gewesen. Er hatte Geli nicht gesucht. Sie hatte ihn ausgesucht. Weil zwei Männer hinter ihr her waren und sie belästigten. Oder auch, obwohl niemand hinter ihr her war. Einfach so.
In einer Stunde würden sie im Hotel sein. Vielleicht brauchten sie ein bißchen länger bei diesen Straßenverhältnissen, anderthalb Stunden. Irgendwann hat man es immer geschafft.
Mein Gott, er mußte nur endlich aufhören, so verkrampft dazusitzen, nach vorn gebeugt, und in sich hineinzulauschen, als ob er auf keinen Fall verpassen wollte zu spüren, wie der Schmerz sich über den ganzen Schulterbereich ausbreitete. Er mußte sich zurücklehnen, entspannen, sich auf Geli verlassen. Es war sinnlos, dauernd in die blaßgelben Lichttunnel zu starren, mit denen die Scheinwerfer sich in die Dunkelheit tasteten.
Er versuchte, daran zu denken, wie es sein würde, wenn sie angekommen waren. Ein heißes Duschbad. Das wohlige Gefühl, von innen her aufzutauen, während das Wasser über die nackte Haut rann. Und Geli würde nachkommen, das tat sie immer, wenn er unter der Dusche stand.
»Hast du Angst, daß du nicht genug Wasser abkriegst?« hatte sie ihn beim ersten Mal lachend gefragt. »Paß auf, es reicht für uns beide, ich muß mich nur ganz dicht an dich schmiegen. Du wirst gar keinen Unterschied merken. Es ist genauso wie sonst, wenn du allein unter der Dusche stehst, du wirst schon sehen.«
Es war nicht genauso gewesen, überhaupt nicht. Und das lag wohl hauptsächlich an ihren schmalen Händen, die so flink und so zärtlich sein konnten. Oder auch daran, daß alles so neu und überraschend für ihn war. Susanne wäre nie auf den Gedanken gekommen, sich neben ihn in die Duschkabine zu drängen.

Geli kam noch auf ganz andere Gedanken. Einmal – in einem Hotel im Sauerland, hatte sie so wild herumgetollt, daß der Duschvorhang abgerissen war, mitsamt der Stange. Und sie hatte sogar die Nerven gehabt, sich beim Portier zu beschweren, weil die Einrichtung nicht ordentlich installiert sei.
Ihm war es peinlich gewesen. Ihm war vieles peinlich, was sie so selbstverständlich tat. Aber das sagte er natürlich nicht. Er hatte Angst, daß sie ihn auslachte. Er hatte Angst, daß das Silberglöckchen anschlug, während sie ihm ins Gesicht lachte und ihn fragte, warum er immer so stinknormal sein müßte, so schrecklich bieder, so furchtbar alt.
Noch eine Stunde, höchstens anderthalb. Dann würde er wieder in ihren Augen ertrinken, von ihren Schreien taub werden, in ihren Armen sterben.
Wenn sie bloß nicht so schnell gefahren wäre. Sicher, gelöst, ohne Verkrampfung, ohne Angst. Aber zu schnell. Verdammt, viel zu schnell.

3

»Nicht soviel Gas!« schrie er; er atmete keuchend, aber es war weniger die Anstrengung, die ihn keuchen ließ, als die Enttäuschung. Dabei hatte er es geahnt – gleich beim ersten Versuch hatte er geahnt, daß der schwere Wagen aus dem tiefen nassen Schnee nicht mehr freikam, nicht ohne fremde Hilfe. Es hatte nichts geholfen, den Schnee festzutrampeln und die Gummimatten unter die Hinterräder zu schieben, die Reifen drehten durch, mahlten sich immer tiefer fest, der Schnee reichte schon bis an die Achsen.
Werner Henze klopfte den Parka ab, Schnee war stiebend hochgewirbelt, hatte ihn über und über bestäubt. Alles umsonst, sie kamen hier nicht mehr heraus. Heute jedenfalls nicht mehr, morgen vielleicht, wenn er irgendwo ein Dorf fand – und einen Bauern, der für gutes Geld bereit war, den Traktor aus der Scheune zu holen und den 280er aus dem Feld zu ziehen, zurück auf die Straße, auf diese verdammte Straße, auf der sie ohnehin nicht mehr weit gekommen wären: zugeschneit, verweht, man konnte kaum noch die Seitenbegrenzung erkennen.
Geli stieß die Fahrertür auf und beugte sich heraus. »Und was machen wir jetzt?«

Er hätte gern die Achseln gezuckt, aber er sah ihre großen Augen und ahnte, daß es nicht mehr lange dauerte, bis Tränen darin schimmerten, darum sagte er so ruhig wie möglich: »Augenblick noch, ich denke gerade darüber nach.«
»Dann denk schneller nach. Es ist scheißkalt.«
Er dachte, daß es ihr gut täte, ihrer Wut Luft zu machen. Irgendwann bei einem Managerseminar hatte mal einer darüber referiert: daß man Mitarbeitern ruhig Gelegenheit geben solle zu schreien, weil dadurch Aggressionen und aufgestaute Gefühle der Hilflosigkeit abgebaut würden. Und während er das dachte, fiel ihm ein, daß er nun doch nicht bei Susanne anrufen konnte und daß sie sich wahrscheinlich Sorgen machen und versuchen würde, ihn telefonisch zu erreichen, in dem Hotel, in dem er angeblich während des Wochenendseminars wohnte. Morgen... morgen würde er anrufen und ihr sagen, daß er unterwegs steckengeblieben war. »Kein Durchkommen auf der Autobahn«, würde er sagen, »ich mußte mir unterwegs ein Quartier suchen, kurz hinter dem Kamener Kreuz.« Aber wenn sie schon vom Portier erfahren hatte, daß für Herrn Dr. Henze überhaupt kein Zimmer reserviert war, dann half das auch nichts. Dann war der Augenblick gekommen, den er eigentlich hinauszögern wollte, dann mußte er eine Entscheidung treffen, obwohl er noch keine Lösung wußte.
»Verdammt, sag doch was!« Sie schrie schon wieder.
»Mach den Motor aus«, sagte er, »und zieh deine Daunenjacke an.«
»Wenn ich den Motor ausmache, wird's noch kälter.«
»Und wenn du ihn nicht ausmachst, säuft er ab.« Er hatte das nicht so grob sagen wollen. Er ging rasch zu ihr hin, stieß die Wagentür noch ein Stück weiter auf, beugte sich zu Geli hinunter und nahm sie in die Arme. »Wir dürfen jetzt nicht die Nerven verlieren, mir fällt schon etwas ein. Es hat keinen Zweck, daß wir uns anschreien. Es ist ja nicht meine Schuld.«
Sie stieß ihn zurück. »Darauf habe ich gewartet. Also ist es meine Schuld? Hätte ich vielleicht wissen sollen, daß hinter dem Wald alles voller Schneeverwehungen ist?«
Er langte an ihr vorbei, drehte den Zündschlüssel nach links, zog ihn ab. »Nein, es ist auch nicht deine Schuld. Ich will nur nicht, daß wir uns anschreien. Bitte, zieh jetzt die Jacke an. Ich hol dir deine gefütterten Stiefel aus dem Kofferraum. Hast du sie in der Reisetasche oder im Koffer?«

Er sah, daß es in ihren Augen schon glitzerte. Es konnte nicht mehr lange dauern, bis sie losweinte, und dann hatte er ein neues Problem, noch eins, als ob es nicht schon genug Probleme gegeben hätte, für die er keine Lösung wußte.
»Was soll ich mit den Stiefeln? Willst du etwa, daß ich aussteige?«
Er war schon nach hinten gegangen, klappte den Kofferraum auf, fing an, in der Reisetasche zu kramen. Er brauchte auch seine Stiefel. In die Halbschuhe war Schnee eingedrungen, unter den Fußsohlen taute er, ein ekelhaft nasses, kaltes Gefühl. Vor dem Sporthotel Prümertal hätte er ruhig in Halbschuhen aussteigen können, die Einfahrt war überdacht.
Er kam mit den Stiefeln zurück, mit ihren und seinen, er hatte auch zwei Paar Wollsocken gefunden. »Rutsch nach rechts«, bat er, und als sie ihre langen schlanken Beine über den Automatikhebel gehoben und ihm Platz gemacht hatte, setzte er sich auf den Fahrersitz. Wunderschöne Beine hat sie, dachte er, Haut, die verlockend jung und zart ist. Und er dachte, daß er heute abend Gelis Beine gestreichelt hätte, von den Knien aufwärts, die glatten Schenkel hinauf, immer langsamer, um ihre zitternde Erwartung zu spüren.
Er zog die Wagentür zu, reichte ihr die Stiefel und ein Paar Socken hinüber. »Zieh das an, es dauert nicht lange, dann wird es lausig kalt hier drin.«
Die Innenbeleuchtung ging aus, die wenigen Sekunden, die die Verzögerungsautomatik ihnen ließ, waren vorbei. Und in die Dunkelheit hinein hörte er sie fragen: »Was ist nun? Hast du dir was einfallen lassen?« Es klang nicht mehr zornig, nicht einmal grob, es hörte sich eher ein bißchen kläglich an, wie ein Betteln, und wahrscheinlich hatte es heißen sollen: Bitte, es muß dir doch etwas eingefallen sein.
»Ich weiß nicht, ob wir heute noch hier wegkommen«, sagte er. »Es ist gleich acht. Bei der Dunkelheit wird uns keiner mehr rausholen. Morgen früh vielleicht.«
Er brauchte sie nicht anzusehen, er hörte es an ihrer Stimme, daß sie jetzt weinte. »Soll das heißen, daß wir die ganze Nacht hier sitzen und warten, bis es hell wird?«
Wie ein kleiner Vogel, dachte er, sie zittert bis in die Stimmbänder hinein.
»Wir können nicht im Auto sitzenbleiben. Bis morgen früh wären wir erfroren.«

Er wußte nicht, ob das stimmte. Aber im Fernsehen hieß es doch manchmal, wenn sie über Schneekatastrophen berichteten, daß Leute über Nacht im Wagen erfroren seien.
Es schneite immer noch, nur der Sturm hatte nachgelassen, Gott sei Dank. Die Flocken fielen jetzt senkrecht, schwer und dicht. Schneegestöber nannte man das gewöhnlich, obwohl es damit eigentlich keine Ähnlichkeit hatte. Da stob nichts, es sah eher regelmäßig aus, irgendwie ordentlich und unabänderlich.
»Schau mal auf der Karte nach, wie weit wir vom nächsten Dorf entfernt sind«, bat er.
Sie rührte sich nicht, und erst nach eine Weile fragte sie zaghaft: »Weißt du denn, wo wir sind? Ich hab keine Ahnung, wir müssen irgendwo falsch abgebogen sein.«
Er spürte, wie sein Magen sich verkrampfte. *Wir* sind falsch abgebogen, dachte er. Aber du hast gesagt, daß du den Weg kennst. Den kenne ich im Schlaf, hast du gesagt. Guck nicht dauernd auf die Karte, hast du gesagt, das macht mich nervös.
Er atmete tief durch, ein paarmal. Es hatte keinen Zweck, wenn er in denselben Fehler verfiel wie Geli und sich in Wut flüchtete, bloß weil er sich hilflos fühlte. Es war keine Frage der Schuld, es ging nur um die Fakten. Sie waren falsch abgebogen, und sie wußten nicht einmal, wo. Als sie das letzte Mal durch ein Dorf gekommen waren... mein Gott, das mußte mindestens vor einer halben Stunde gewesen sein, vielleicht war es auch schon länger her.
Er fing wieder zu rechnen an, nur, diesmal hatten seine Ängste nichts mit der Zukunft zu tun, es waren Gegenwartsängste. Mal angenommen, sie waren im Schnitt fünfzig gefahren und das mit der halben Stunde stimmte. Dann lag das letzte Dorf fünfundzwanzig Kilometer hinter ihnen. Vielleicht setzte er die Durchschnittsgeschwindigkeit zu hoch an, dann waren es nur zwanzig Kilometer – oder fünfzehn oder irgendwas dazwischen. Aber vielleicht war das mit dem Dorf auch schon länger her, dann konnten es dreißig Kilometer sein. Oder mehr.
Es spielte keine Rolle, er hätte das Dorf sowieso nicht gefunden. Er hatte nicht auf die Strecke geachtet, er wußte nicht, wo sie falsch abgebogen waren, und Geli wußte es auch nicht.
Sie hätten bei so einem Sauwetter nicht losfahren sollen – oder nicht gerade hierher. Es gab viele Fehler, eine ganze Kette von

Fehlern: das Mittagessen, das sie viel zuviel Zeit gekostet hatte, und den falschen Entschluß, von der Autobahn abzubiegen.
Den letzten Fehler hatten sie da gemacht, wo der Wald aufhörte. Sie hätten beide wissen müssen, daß in diesen Höhenlagen nach einem Schneesturm die Straßen zugeschneit sind, daß dort, wo der Wald aufhört, die weißen Dünenkämme beginnen, Schneedünen, in denen es einem das Lenkrad aus den Händen reißt, wenn man es zu locker hält und wenn man zu schnell fährt. Geli hatte das Lenkrad zu locker gehalten, und sie war zu schnell gefahren. Aber er hatte ja nichts dazu gesagt, er hatte ihr nicht reinreden wollen.
»Es ist egal, wo wir abgebogen sind«, sagte er versöhnlich, »bis zum Hotel hätten wir's heute sowieso nicht mehr geschafft. Irgendwo muß es hier ein Dorf geben. Hinter uns war lange Zeit nur freie Strecke, weit und breit kein Haus. Also werde ich's da hinüber versuchen.« Er machte eine vage Handbewegung nach vorn.
Sie sah ihn erschrocken an. »Und ich soll allein hierbleiben?«
Er hob die Schultern. »Mein Gott«, sagte er, »wenn du unbedingt mitkommen willst... Aber es wird anstrengend. Der Schnee ist tief, er reicht bestimmt bis über die Knöchel.«
»Und wenn du dich verläufst?«
Er deutete mit dem Kopf nach draußen. »Es ist ja hell. Über einer geschlossenen Schneedecke ist es immer hell, fast wie Mondlicht.« Und dann fiel ihm ein: »Ich hab noch eine Warnleuchte im Kofferraum, so ein Blinklicht. Das stell ich aufs Autodach, damit find ich bestimmt zurück.«
»Bleib nicht so lange, ich habe Angst.«
Er sah sie lange an, beinahe neugierig. Es kam ihm so vor, als wäre sie auf einmal ein Stück kleiner geworden, aber das lag wohl nur daran, daß sie sich auf dem Sitz zusammenkauerte. Also doch, dachte er, und ich habe mich immer gefragt, ob sie wirklich so unbekümmert ist, wie sie tut, so ohne Zukunftsangst. Da braucht nur ein Augenblick zu kommen, in dem es so aussieht, als gäbe es keine Zukunft mehr...
Sie hat es leicht gehabt, mit ihrem Optimismus. Sie hat sich einfach bei mir eingehängt, damals, an dem Freitagvormittag in Aachen, und schon hatte sie alles, ohne sich anzustrengen: einen Mercedes, sogar mit Fahrer, einen Kerl mit Bargeld und Scheckheft und drei Karten, Diners und American Express und Eurocard. Da ist es nicht so schwierig, unbeschwert in die Zu-

kunft zu schauen, solange nichts dazwischenkommt, eine Krankheit oder das Älterwerden oder Susanne, die plötzlich alles weiß und eine Entscheidung verlangt. Oder auch nur eine zufällige Schneeverwehung, irgendwo weit weg vom nächsten Dorf.
Er wurde rot, als ihm klar wurde, daß er von ihr dachte wie von einem Flittchen. Er fühlte sich im Unrecht, denn es gab nichts, was anders geworden war, einmal davon abgesehen, daß sie gerade nicht lachte, mit einem gurrenden Vorspiel und mit einem Silberglöckchen in der Kehle. Er hatte ihr nichts vorzuwerfen, im Gegenteil, er kam sich schäbig vor. Eben hatte er noch an ihre langen Beine gedacht, an ihre glatten Schenkel, an ihre junge Haut, an das Spiel seiner Hände, und auf einmal dachte er an sie wie an eine Hure.
Er langte nach hinten, nahm die Wolldecke von den Rücksitzen, hüllte Geli damit ein, sehr sanft, als ob er etwas wiedergutmachen wollte. »Ein, zwei Stunden wird es sicher dauern. Im Schnee komme ich nicht schnell voran. Aber es scheint wenigstens aufzuhören, es schneit kaum noch. Schlaf ein bißchen, ich weck dich, wenn ich zurück bin.«
»Und wenn du kein Dorf findest?«
»Irgendwo muß es eins geben, wir sind ja nicht in der Walachei.« Er versuchte ein Lächeln, fürchtete aber, daß es ein wenig schief ausfiel. »Wenn ich keins finde, komme ich trotzdem zurück. Zu zweit haben wir's unter der Decke wärmer.«
»Du hast doch gesagt, wir dürfen nicht im Auto schlafen?«
»Ich weiß auch nicht«, sagte er, »ich glaube, ich hab mal so was gehört oder gelesen, ich bin nicht sicher. Ich denke darüber nach, während ich unterwegs bin. Mach dir keine Sorgen, vielleicht ist es gar nicht nötig, daß wir uns darüber den Kopf zerbrechen. Vielleicht finde ich jemanden, der uns heute noch mit dem Traktor hier rausholt.«
»Rausholt?« fragte sie. »Rausholt – wohin?«
Diesmal gelang ihm das Lächeln besser. Alles schien leichter, seitdem er einen Entschluß gefaßt hatte. Die Dinge waren wieder kalkulierbar geworden, er saß nicht mehr und wartete, er griff wieder steuernd ein. Das Dorf, das hinter ihnen lag, war zu weit entfernt, also mußte er das nächste suchen, irgendwo da vorn. Er beugte sich zu Geli hinüber.
»Wohin? In das Dorf, das ich suchen gehe. Nein, *finden* gehe. Und wenn ich es gefunden habe, schenke ich es dir. Oder, sagen

wir mal, für den Anfang wenigstens ein Bett im Dorf. Ein schönes breites Bauernbett mit dicken Federbetten. Da guckt nur noch deine Nasenspitze raus. Und wenn du nicht artig schläfst, kitzle ich dich mit dem großen Zeh an der Fußsohle.«
»Untersteh dich«, sagte sie, und er freute sich, daß sie auch wieder lächeln konnte.
Er stieg aus, holte die Blinkleuchte aus dem Kofferraum, stellte sie aufs Autodach, winkte Geli noch einmal zu und ging los. Er ging da, wo er die Straße vermutete, in die Richtung, in der er ein Dorf zu finden hoffte.

4

Von der Eßgruppe, auf halber Höhe über dem Wohnbereich, fiel der Blick auf den Kamin. Darum stand der alte Mann gebeugt, während er Holz auflegte, und war auch nicht auf die Knie gegangen, als er den Weidenkorb hereingetragen und die Scheite in der gemauerten Nische geschichtet hatte; sie saßen dort oben in der Eßecke, sie konnten ihm zusehen, und er wollte nicht, daß sie ihn auf den Knien sahen.
»Ist noch was?« fragte Paul Kahlen, als er fertig war mit der Arbeit, die sie ihm aufgetragen hatten. Er fragte, weil er wußte, daß sie ihn sonst zurückgerufen hätten, einfach nur so, denen fiel schon was ein.
Der Blonde, der mit dem Backenbart, richtete seine graublauen Augen auf den alten Mann und machte eine scheuchende Handbewegung, wie wenn man einen Hund wegjagt. Aber der Schwarzhaarige neben ihm hob den stummen Befehl wieder auf.
»Nicht so hastig, Karli«, sagte er zu dem Blonden. »Siehst du nicht, was der Alte da unten angerichtet hat?« Auf seinem glatthäutigen, schön geschnittenen Gesicht erschien ein Lächeln, als er sich an Paul Kahlen wandte. »Bitte, alter Mann, du hast einen Haufen Holzspäne verstreut. Sei so gut und laß dir draußen von der Jaschob Schaufel und Besen geben, feg die Kaminecke wieder sauber.« Er sagte es sehr sanft, schmeichelnd, fast so, wie man einem Kind zuredet, das nicht hören will.
Paul Kahlen richtete sich auf, sein zerfurchtes Gesicht war gerötet, und wäre nicht die zornige, steile Falte über der Nasenwurzel gewesen, hätte man denken können, der tiefrote Hauch

käme von der Anstrengung. Wortlos nahm er den Korb und ging aus dem Zimmer. Sie hörten, wie er draußen eine Tür aufstieß und mit Emma Jaschob redete. Kurz danach kam die Frau mit einem Handfeger und dem Kehrblech herein, kniete sich auf die Keramikfliesen vor dem Kamin, kehrte die Holzspäne und die Rindenstücke zusammen und warf sie ins Feuer.
Der Blonde wartete, bis sie gegangen war, dann sagte er zu dem Schwarzhaarigen: »Ich hab dich vor ihm gewarnt, er ist störrisch. Ich seh's ihm an, er hat irgendwas vor. Das geht nicht lange gut mit ihm.«
Der Dritte am Tisch, ein Hüne mit breiten Schultern, einem mächtigen Brustkasten und Schaufelhänden, schaute auf. »Soll ich ihm nachgehen?« Er sprach schwer, spuckte die Worte einzeln aus, als hätte er sie gerade erst mühsam geformt. »So wie gestern?« Und das blubbernde Lachen schien genauso schwerfällig über die Lippen zu quellen wie die Worte.
Der Schwarzhaarige tätschelte dem Großen die Hand. »Nein, Artur, heute nicht. Vielleicht morgen wieder. Ich sag's dir, wenn du ihm nachgehen sollst. Iß jetzt weiter. Schmeckt's dir?«
Der Hüne nickte, faßte mit zwei Fingern ins kleingeschnittene Rauchfleisch, das er sich auf den Teller gehäuft hatte, und schob sich eine Portion in den Mund. Sein Gesicht verzerrte sich zu einer Grimasse, aber sein Bruder, der Schwarzhaarige, wußte, daß Artur gelächelt hatte.
»Ein Scheißfraß ist das«, sagte Karli verdrossen, »immer nur Rauchfleisch und Schinken und Hartwurst und Eier. Seit Dienstag hab ich kaum was anderes gekriegt.«
Der Schwarzhaarige, Arturs Bruder, fuhr sich mit der Hand übers Haar, erst auf der linken Seite, als ob er den Scheitel glattstreichen wollte, dann rechts, wo ihm eine Strähne in die Stirn gerutscht war. »Sei nicht so undankbar, Karli. Die guten Leute geben uns, was sie haben.«
Artur warf den Kopf zurück, sein Lachen war wie kollerndes Keuchen, ein paar Stücke vom Rauchfleisch, auf dem er herumkaute, rutschten ihm aus dem Mund und fielen auf den Teller zurück.
Der Blonde verzog angewidert das Gesicht. »Altes Schwein«, sagte er, »halt doch die Zähne zusammen, wenn du frißt.«
Der Hüne starrte ihn erschrocken an, dann drehte er langsam den Kopf zu seinem Bruder hinüber.

»Ist schon gut, Artur«, sagte der Schwarzhaarige, »iß nur ruhig weiter.« Und während er noch seinen Bruder ansah, packte er Karlis Handgelenk. Er faßte schnell und hart zu, nichts erinnerte an die gezierte Geste, mit der er sich eben übers Haar gefahren war. Der Blonde krümmte sich unter dem Griff. »Sag das nie wieder zu Artur. Nenn ihn nie wieder ein altes Schwein. Hast du verstanden?«
Karli schluckte. »Ja.« Und zu Artur gewandt: »Entschuldige, es war nicht so gemeint.«
Der Große nickte gutmütig und schaufelte die Rauchfleischschnitzel, die ihm auf den Teller gefallen waren, zurück in den Mund.
Ein paar Sekunden lang hing Schweigen zwischen ihnen, Karli hielt den Kopf gesenkt, stocherte lustlos in den Bratkartoffeln, die Emma Jaschob ihm gebracht hatte. Sie waren schon kalt geworden, sie trieften vor Fett, er hatte nur eine Gabelvoll probiert und dann nichts mehr angerührt.
Als wäre nichts gewesen, fragte der Schwarzhaarige ruhig, ohne die Stimme zu heben, fast ohne Betonung: »Was ist mit dem alten Mann, der das Holz gebracht hat? Was hast du gegen ihn?«
»Ich trau ihm nicht«, antwortete der mit dem Backenbart, der Blonde. »Es ist was in seinen Augen, hast du das noch nicht bemerkt? Ich sag dir, der denkt sich was aus.«
Der Schwarzhaarige zuckte die Achseln. »Was soll er sich schon ausdenken?«
»Ich weiß nicht«, sagte Karli. »Ich weiß nicht, was, aber irgendwas hat er vor.« Er deutete mit dem Kopf auf das Fenster neben der Eßecke. »Wir sollten abends die Läden schließen. Sie können immer genau sehen, wo wir uns aufhalten. Ich wette, sie beobachten uns. Sie wissen genau, wann wir nach oben gehen, wann wir in den Schlafzimmern Licht machen und wann wir es ausmachen. Es ist nicht so schwierig, einen Stein ins Fenster zu schmeißen. Und wenn du gegen's Licht siehst, daß jemand am Fenster steht, kannst du ihn leicht treffen.«
Der Schwarzhaarige schüttelte den Kopf. »Das werden sie nicht tun. Sie wissen, daß ich dann Artur losschicke und nicht lange frage, wer es gewesen ist. Artur wird auch nicht fragen, nicht wahr, Artur?« Wieder streichelte er dem Hünen die riesige Hand, und weil er Arturs Grimasse verstand, lächelte er freundlich zurück. »Aber was hat das mit dem alten Kahlen zu

tun?« fragte er den Blonden. »Wie kommst du gerade auf den?«
»Es ist nur so ein Gefühl, ich kann's nicht erklären«, sagte Karli. »Vorhin, als er am Kamin hantiert hat, hab ich gedacht: Gleich nimmt er den Schürhaken und geht auf uns los, hab ich gedacht. Er gehorcht einfach nicht. Die andern kuschen alle, die warten, bis das Tauwetter kommt, bis wir einpacken und wegfahren. Aber er heckt was aus, das sag ich dir, Rüdiger. Er hat auch vorhin nicht gehorcht, als du ihm gesagt hast, er soll das Holz wegfegen.«
»Das brauchst du mir nicht erst zu sagen, das hab ich gemerkt. Und ich laß es ihm natürlich nicht durchgehen. Morgen bekommt er die Quittung. Ich will ihm nur noch Zeit lassen, er soll rumgehen und den anderen erzählen, daß er nicht gehorcht hat. Damit alle wissen, wofür er bestraft wird.«
Arturs Augen flackerten. »Willst du, daß ich ihn bestrafe?« Sein Mundwinkel zuckte, Speichel, vermischt mit zerkauten Fleischfetzen, rann herab. Karli sah schnell weg.
»Du weißt doch, ich brauche dich«, sagte Rüdiger. »Du wirst mir helfen, nicht wahr? Du hast mir ja immer geholfen.« Er langte in die Tasche, zog sein Tuch heraus und wischte seinem Bruder den Speichel ab.
»Heute nachmittag hat er mir aufgelauert«, fuhr Karli fort. »Als ich aus einem Haus kam, stand er vor der Tür, als ob er auf mich gewartet hätte. Ich hab ihm gesagt, wenn er noch mal hinter mir herschleicht, mach ich ihm Feuer unterm Arsch.«
Der Schwarzhaarige sah ihn so lange an, bis Karli die Augen senkte. »Du warst bei dem Blinden im Haus, bei Lanzerath. Du bist wieder um das Mädchen rumgestrichen.«
Der Blonde stocherte mit der Gabel nach einer Kartoffelscheibe, drehte sie hin und her, ließ die Gabel fallen. »Ich bin nicht um sie rumgestrichen. Ich hab mich nur mit ihr unterhalten. Eigentlich hab ich nur fragen wollen, ob sie Kaffee im Haus hat. Wir haben nicht mehr viel Kaffee, der Rest reicht höchstens noch für morgen.«
»Die Jaschob kümmert sich drum, daß wir Kaffee kriegen, ich hab's ihr schon gesagt. Versuch mir nicht weiszumachen, daß du deswegen in Lanzeraths Haus gewesen bist. Du sollst das Mädchen in Ruhe lassen, hab ich dir gesagt.« Er beugte sich vor. Seine braunen Augen hielten Karlis Blick fest. »Du hast selber gesagt, die Leute warten, bis das Tauwetter kommt. Sie rechnen

damit, daß wir dann sowieso gehen. Ich hab gedacht, du hättest es verstanden, aber du hast nichts kapiert. Glaub bloß nicht, daß sie sich alles gefallen lassen. Sie gehorchen, weil sie nicht wollen, daß Artur die Männer schlägt. Aber es gibt eine Grenze, wir dürfen nicht zu weit gehen. Mein Gefühl sagt mir, daß wir dem Blinden nichts tun dürfen, und dem Mädchen erst recht nicht. Ich denk mir...« Er zögerte, seine Stimme hatte einen fast träumerischen Klang, als er weitersprach. »Das Mädchen ist ihre einzige Hoffnung, denke ich. Alle anderen sind alt, die Jungen sind alle gegangen, nur die Kathrin ist zurückgekommen. Ich finde das ganz interessant, irgendwie faszinierend. Du darfst ihnen alles nehmen, aber nicht ihre Hoffnung. Du hast das nicht begriffen. Sie ducken sich, weil sie hoffen, daß wir von selber gehen. Du brauchst ihnen bloß zu sagen, daß wir bleiben, dann fangen sie an zu überlegen, wie sie sich wehren können. Und das Mädchen ist auch so ein Stück Hoffnung. Wenn du dem Mädchen etwas tust, gehen sie wirklich auf uns los.«
Der Blonde starrte auf seinen Teller. Er hätte gern gesagt: Du Klugscheißer, du quatschst so lange, bis du den Mist selber glaubst. Du kommst dir wohl wunder wie schlau vor, hätte er gern gefragt. Du redest einen Haufen Scheiße zusammen, weil du weißt, daß ich mich nicht mit dir anlegen kann. Du hast ja deinen großen Bruder dabei, das sabbernde, blöde Stück Dreck. Solange du ihn in deiner Nähe hast, darfst du bestimmen, wo's langgeht. Und jetzt willst du mir verbieten, daß ich mich an die Kleine ranmache. Vielleicht bist du selber scharf auf sie, wie?
Er hätte ihm das gern einmal gesagt, diesem glatthäutigen Schwätzer. Es erstickte ihn fast, daß er alles herunterschlucken mußte. Aber er brauchte nur einen Blick auf Arturs Schaufelhände zu werfen, um zu wissen, daß es weniger schmerzhaft war, die Wut in sich hineinzuwürgen. Darum sagte er nichts von all dem, was er dachte, er zuckte nur die Achseln und fragte: »Was sollen sie schon machen? Wir haben ihnen die Schneeschuhe weggenommen, sie können nicht mal ins nächste Dorf gehen und Hilfe holen, und telefonieren können sie auch nicht. Ich glaube, sie wollen's auch gar nicht. Du hast selbst gesagt: sie rechnen damit, daß wir von allein gehen.«
Rüdigers beharrlicher Blick zwang den Blonden wieder, die Augen zu heben. »Du Idiot. Was würdest du denn machen, wenn

du dich wehren willst? Beinahe wäre dir die Lösung ja schon eingefallen, du hast nur nicht bis zu Ende gedacht, wie gewöhnlich. Sie schmeißen einen Stein ins Fenster... Blödsinn. Wenn die aufhören stillzuhalten, dann werfen die nicht nur Steine. Was hältst du denn von der Idee, daß sie uns nachts Feuer legen? An allen vier Ecken zugleich. Sie nageln uns die Haustür zu und die Fensterläden, und wenn wir's dann endlich trotzdem schaffen und rauskommen, warten sie schon mit Holzprügeln auf uns.« Er lächelte, als er Karlis Erschrecken sah. »Glotz nicht so, auf die Idee hättest du selber kommen können. Aber ich sag's ja, du denkst nie bis zu Ende.«
Der Blonde starrte ihn an. »Hältst du das wirklich für möglich?«
»Was glaubst du denn, warum ich die Jaschob ins Haus geholt habe? Sie werden ja nicht eine von ihren eigenen Leuten mit verbrennen lassen. Es sei denn, du machst Dummheiten und treibst es zu weit.«
»Ich habe nichts mit dem Mädchen«, sagte Karli.
»Noch nicht, ich weiß. Darum versuche ich dir ja klarzumachen, daß es besser ist, wenn es so bleibt.«
Arturs Augen irrten zwischen seinem Bruder und Karli hin und her, um die Mundwinkel zuckte es wieder, ein Zittern lief durch den mächtigen Körper. »Machen die wirklich Feuer?«
Rüdiger reckte sich ein bißchen, langte nach oben, streichelte dem Hünen das schwarze, zottelig verklebte Haar und sagte: »Du mußt dich nicht fürchten, Artur. Ich paß schon auf, daß sie's nicht tun können.« Dann wandte er sich plötzlich an den Blonden. »Sag mal, mir fällt gerade ein – der alte Kahlen, hat der nicht eine Katze?«
Karli schnaufte verächtlich. »Ja, so ein graues, räudiges Vieh.«
»Aber er hängt an ihr«, sagte der Schwarzhaarige. »O ja, ich glaube, er mag die Katze gern.«
Karli sah ihn unsicher an. »Was ist mit dem Vieh?«
»Im Augenblick noch gar nichts«, sagte Rüdiger. »Das hat alles Zeit bis morgen. Aber morgen, denke ich, müssen wir ihn bestrafen, weil er nicht gehorcht hat. Wir werden ihm einfach etwas wegnehmen, woran er sehr hängt.«
Artur klappte den Mund auf, es kollerte, als hätte er das Lachen in Stücke gebissen, bevor er es über die Lippen rutschen ließ. »Eine Katze? Die ist weich. Und ganz lieb.«

Rüdiger sah ihn ernst an. »Natürlich, Artur. Aber, weißt du, manchmal sind Katzen auch böse. Und wenn es eine böse Katze ist, wirst du mir helfen. Du hilfst mir doch immer, nicht wahr?«
»Ja«, sagte der Große glücklich, »ja, ich helfe dir.«

5

Nach vorn und nach rechts hinüber – nach Nordwesten, nahm er an – dehnte sich das Weiß, soweit das Auge reichte. Werner Henze war nicht sicher, ob da, wo die eintönig weiße Schneefläche mit dem blauschwarzen, sternenlosen Nachthimmel zusammenfloß, eine Bergkuppe war, aber er vermutete es, denn die Straße – oder das, was er für die Straße hielt – stieg stetig an, und irgendwo mußte der Hang ein Ende haben, in einen Kamm auslaufen. Dort hinten, wo das Weiß aufhörte, führte die Straße wahrscheinlich auf der anderen Seite den Hügel hinunter in eine Senke, die Schutz bot vor eisigen Winden, in ein Tal, in dem es Wasser gab und Bäume und Weideflächen, dahin, wo Menschen ihre Häuser bauten. Er glaubte so fest daran, daß er es vor sich sah: die scharfe Biegung der Straße, dort oben, wo sie ein Stück weit dem Hügelkamm folgte, und dann die Windungen, mit denen sie sich hinunterschlängelte ins Tal, das warme Gelb der Lichter, die aus den Häusern schimmerten, Rauch, der sich über den Schornsteinen kräuselte. Er glaubte daran, weil er es hoffte, inständig, wegen Geli und für sich selbst.
Hier oben, auf dieser kahlen Fläche, konnte es kein Dorf geben. Bauern bauten ihre Häuser nicht auf karge, steinige Hochflächen, sie bauten sie in die Täler, in die Bodenfalten.
Eher nach links hinüber, nach Südwesten – vorausgesetzt, seine Annahme über die Himmelsrichtung stimmte... eher dort, wo der Hang steil abfiel, hätte er ein Dorf vermutet. Aber dorthin konnte er nicht gehen, er mußte sich an die Straße halten, um überhaupt eine Orientierung zu haben. Wahrscheinlich gab es Wege, die den Hang hinunterführten, vielleicht dort – an den Zaunpfosten entlang, deren obere Enden noch aus dem Schnee herausragten. Er wagte es nicht, sich auf eine so ungewisse Annahme zu verlassen; es gab schon zu viele Ungewißheiten, das Risiko war auch so groß genug. Dazu kam, daß der Hang im

Dunkel lag. Schon nach wenigen Metern – hundert mochten es sein, es ließ sich bei diesem verwirrend bleichen Licht schwer abschätzen, und Henze war mehr daran gewöhnt, Entfernungen von der Karte und vom Tacho abzulesen – verschluckte das Nachtdunkel alles, woran das Auge sich festhalten konnte.
Er drehte sich um, hinter ihm lag die dunkle Kulisse des Waldes, stakige Fichtenstämme mit einem weißen Dach, in dem alle Konturen ineinanderflossen. Davor das Blinklicht, warm und gelb, ein bißchen hektisch, wie ein stummer Hilferuf.
Er erschrak, wie deutlich er das Licht noch sehen konnte, wie nahe es noch war. Seit einer halben Stunde stapfte er durch den Schnee, die Straße entlang, das hoffte er jedenfalls, und die Blinkleuchte schien nicht viel weiter entfernt als zweihundert, höchstens dreihundert Meter. Kam er wirklich so langsam voran, oder lag es einfach daran, daß er die Entfernungen falsch einschätzte?
Wenn es tatsächlich bis dahin, wo das Auto stand, nur dreihundert Meter waren – oder, sagen wir, ein halber Kilometer, dann mußte der Hügelkamm, der vor ihm lag, kilometerweit entfernt sein. Vorausgesetzt, daß es den Kamm überhaupt gab, daß die Straße – war es die Straße? – nicht einfach endlos weiter nach oben führte. Aber sogar im günstigsten Fall, wenn keine seiner Hoffnungen trügerisch war und alles, was er sich einredete, stimmte... sogar dann brauchte er mindestens zwei Stunden, ehe er dort oben ankam. Und danach mußte er hinuntersteigen ins Tal, zu den Lichtern, die aus den Häusern schimmerten, noch einmal eine Stunde, wenn er Glück hatte, wahrscheinlich mehr.
Ohne es zu wollen, fing er zu rechnen an, und als die erste Zahl sich in seinem Kopf zu formen begann, dachte er noch, daß es Gewohnheiten gäbe, die einen bis in die Einöde verfolgten, bis in den Schnee. Dann waren die Zahlen stärker, verdrängten alles, was er sonst hätte denken können, und nicht nur das, sie machten alle Hoffnungen zunichte: zwei Stunden bis zum Kamm, dann war es halb elf, danach hinunter ins Tal, Mitternacht. Es würde keine warmen gelben Lichter mehr geben, die Leute waren längst schlafen gegangen, und wenn er das Dorf trotzdem fand, obwohl es im Dunkel lag, dann mußte er jemanden wachtrommeln und ihn bitten... nein, bitten half da nichts, viel Geld mußte er ihm bieten, damit er doch noch den Traktor aus dem Schuppen holte, so spät in der Nacht, bei diesem Wet-

ter und für einen Fremden. Angenommen, sie brauchten zwei Stunden, bis sie zum Auto kamen, und noch einmal zwei Stunden für den Weg zurück ins Dorf... Mein Gott, das waren acht Stunden, und davon sechs, in denen er Geli allein lassen mußte. Bis er zurückkam, war sie erfroren oder erstickt an ihrer Angst, er wußte ja jetzt, daß es auch für sie Ängste gab.
Er hatte alles falsch gemacht, er hätte das Mädchen mitnehmen sollen, es wäre nicht so jämmerlich kalt für sie gewesen, wenn sie sich bewegt hätte. Man erfriert nicht, solange man läuft, wenigstens nicht, solange man nicht aufgibt, und sie wären ja zu zweit gewesen, sie hätten sich gegenseitig Mut machen können.
Noch war es nicht zu spät, er brauchte nur umzukehren, eine halbe Stunde bis zum Wagen.
Aber dann sah er vor sich, wie es sein würde, wenn er zum Auto zurückkam, sah, wie sie im Sitz zusammengesunken war und haltlos weinte, sah sie aufschauen, las sekundenlang Hoffnung in ihrem Blick, sah, wie die Hoffnung in jähem Begreifen ertrank: es gab kein Dorf, oder er hatte es nicht gefunden. Und dann mußte er ihr sagen, daß er noch nicht einmal begonnen hatte, das Dorf zu suchen, daß er nur zurückgekommen war, um sie zu holen und noch einmal von vorn zu beginnen, gemeinsam mit ihr. Er mußte ihr auch erklären, warum er es getan hatte; er mußte ihr die Stunden vorrechnen, die acht Stunden.
Nein, falsch.
Wenn er sie mitnahm, waren es nur ungefähr vier Stunden, zu denen noch die eine Stunde kam, die er nutzlos vertan hatte, für den Weg, den er schon gegangen war und den er jetzt wieder zurückgehen mußte. Vier Stunden bis zum Dorf, sie brauchten den Traktor ja nicht unbedingt heute, sie brauchten nur ein Bett, Wärme und Geborgenheit.
Aber er rechnete ins Ungewisse, die Fakten fehlten, an denen er seine Rechnung orientieren konnte. Es gab nur das, was er annahm und hoffte: daß dort oben ein Hügelkamm war und daß die Straße jenseits den Hang hinunterführte und daß es im Tal ein Dorf gab und daß er jemanden fand, der sie aus dem verdammten Schnee herausholte.
Er konnte nicht zurückkommen und ihr nichts mitbringen als eine Vermutung, er konnte sie nicht mitschleppen durch den Schnee, solange es kein Ziel gab. Es wäre auch zu anstrengend gewesen für sie; jeder Schritt kostete viel Kraft, Henzes Rücken

glühte vor Schmerz, und das brennende Ziehen in den Oberschenkeln wurde immer quälender. Es war nicht möglich, sich einfach vorwärts zu bewegen, er mußte vor jedem Schritt den Fuß aus dem Schnee heben, das Knie anwinkeln und die nächste Bewegung von oben her setzen, staksig wie ein langbeiniger Vogel.
Nur einen flüchtigen Augenblick lang dachte er daran, daß Geli so ein langbeiniger Vogel war, daß sie ihre Schritte immer so setzte, aus der Hüfte heraus, wie ein Fohlen. Er hatte das nicht denken wollen, nicht gerade jetzt, es war irgend etwas, was er aus der Erinnerung abrief und sofort wieder dorthin verbannte, weil es nichts mit der Realität zu tun hatte. Die Realität, das war der Schnee, vielleicht noch die Ungewißheit, sonst gar nichts; nicht einmal der Hügelkamm, den er dort vorn vermutete, gehörte dazu.
Er drehte sich um, das Blinklicht war kleiner geworden, den Waldrand konnte er nicht mehr erkennen, nur noch Dunkel lag dort hinten – und mitten im Dunkel ein winziges Lichtsignal, das ihm jetzt schon unerreichbar fern vorkam.
An was für eine Realität hatte er eben gedacht? Das alles gehörte überhaupt nicht zu der realen Welt, an die er gewöhnt, aus der er heute morgen losgefahren war, nicht in ein Abenteuer irgendwo in der Wildnis, nur in ein Wochenende, bei dem alles vorausberechenbar war. Es gab das Hotel, irgendwo hier in der Nähe mußte es liegen, er hatte das Zimmer vorbestellt; natürlich, Herr Dr. Henze, hatte der Portier gesagt, wie immer. In ein, zwei Stunden wären sie dort gewesen, selbst wenn sie irgendwo falsch abgebogen waren. Es gab in Deutschland keine Straßen, die ins Nichts führten, das Straßennetz war lückenlos ausgebaut, es wurde überwacht, die Zuständigkeiten waren genau geregelt, und wenn ein Schneesturm getobt hatte, dann wurde der Räumdienst eingesetzt, sie schickten Schneepflüge und Streufahrzeuge los. Das war die Realität, sie lebten doch nicht irgendwo, sondern in einem der am dichtesten besiedelten Gebiete Europas.
Man konnte nicht einfach so verlorengehen, hier doch nicht. Wenn in den Zeitungen stand, daß irgendwo jemand in seinem Wagen erfroren war, dann berichteten sie aus Amerika, aus dem Mittelwesten, aus Utah oder aus Arizona, von irgendwoher, wo es endlose Weiten gab. Hier in Deutschland war nichts endlos und weit, sie lebten in einer engen, geordneten Welt,

überschaubar, durchorganisiert, kontrolliert. Es gab nicht viele Schneetage wie diesen, es kam nicht oft vor, daß gleichzeitig ein Sturm tobte, der Schnee wie weißen Staub vor sich hertrieb und auf der Straße Dünenkämme formte. Es war ein Spuk, morgen oder übermorgen mußte er vorbei sein, dann hatten sie die Straßen geräumt und Granulat gestreut, dann herrschte wieder Ordnung in der engen, überschaubaren Welt.
Morgen oder übermorgen.
Es gab keine unendliche Weite, es gab nur diese Straße, die den Hang hinaufführte bis dahin, wo das eintönige Weiß mit dem schwarzen Nachthimmel zusammenfloß, dort oben, wo Henze die Bergkuppe vermutete. Auf einmal fingen seine Gedanken – diese lästigen, unablässigen Gedanken, denen er ausgeliefert war, die er nicht abstellen konnte... auf einmal fingen sie zu hüpfen an, in kleinen, skurrilen Sprüngen, und nach dem nächsten Sprung dachte er: Vielleicht liegt dort unten im Tal das Hotel?

Als er schon nicht mehr daran glaubte, sah er das Licht.
Also hatte er doch recht gehabt, von der Straße abzuweichen und auf den Wald zuzugehen, der plötzlich links von ihm auftauchte, ein Stück den Hang hinunter. Es hätte sowieso keinen Sinn gehabt, weiter der Straße zu folgen, zumal er dem Hügelkamm nicht näherzukommen schien. Die verdammte Kuppe, falls es überhaupt eine Kuppe gab, rutschte immer weiter von ihm weg, irgendwohin in die Unendlichkeit. Und das Blinklicht, erinnerte er sich, war schon genauso weit entfernt gewesen wie die ausgefranste Nahtstelle zwischen der Schneefläche und dem Nachthimmel, jedenfalls war es ihm so vorgekommen. Ein Augenblick, in dem es keine Hoffnung mehr zu geben schien. Und in diesem Augenblick hatte er den richtigen Entschluß gefaßt. Er hatte es geschafft, er war angekommen. Irgendwann kommt man immer an, er hatte es gewußt.
Die Strecke bis zum Waldrand war mörderisch gewesen, mehr Taumeln und Torkeln durch kniehoch angewehten Schnee. Aber unter den Bäumen wurde es viel leichter, das Geflecht der Äste hielt den Schnee oben in den Baumkronen fest, auf dem Boden lag nur eine dünne Schicht. Henze kam viel schneller voran, er brauchte nicht mehr bei jedem Schritt zu steigen, nur auf die Baumwurzeln mußte er achten, damit er nicht irgendwo hängenblieb und der Länge nach hinschlug. Wer weiß, ob und

wann er wieder hochgekommen wäre, seine Kräfte ließen schon nach. Der Schmerz war jetzt nicht mehr auf den Rücken und auf die Oberschenkel konzentriert, er flutete über den ganzen Körper, zuckte bisweilen an irgendeiner Stelle auf, um im nächsten Augenblick wieder zu zerfließen wie eine Lache. Es gab Sekunden, in denen er sich fast wünschte, zu stürzen und einfach so liegenzubleiben, zu warten, bis der Schmerz abklang.

Das lag alles schon so weit zurück, und es war jetzt so gleichgültig geworden. Denn dort unten sah er das Licht, warmes gelbes Licht, ein Haus.

Da hatte er nun gerechnet und gerechnet: acht Stunden, sechs Stunden, vier Stunden... lauter dumme, falsche Zahlen, an denen er seinen Mut festhaken wollte, den Mut, der immer kleiner geworden war. Die Bergkuppe, hatte er gedacht, die Straße hinunter ins Tal – alles Unsinn. Hier vor ihm lag das Haus, ein Stück weiter unten, noch ein paar hundert Meter über die Schneefläche zwischen dem Wald und der Senke.

Es war halb zehn, anderthalb Stunden hatte er nur gebraucht, mehr nicht. Acht Stunden, sechs Stunden, vier Stunden... er mußte sich diese verdammte Rechnerei abgewöhnen. Dauernd hatte er gerechnet, das ganze Wochenende hatte er durchgerechnet, nur die Fehler hatte er nicht mit eingerechnet, die vielen kleinen Fehler, die dazu führten, daß am Schluß die ganze Rechnung nicht aufging.

Sie ging ja auf. Sie ging nun doch noch auf. Weil er im entscheidenden Augenblick den richtigen Entschluß gefaßt hatte.

Eigentlich brauchte er gar nicht mehr hinunterzugehen, er hatte ja das Haus gefunden. Er konnte zurückgehen zum Wagen und Geli holen. Es war ausgeschlossen, daß er sich verirrte, er mußte nur seinen eigenen Spuren folgen. Anderthalb Stunden zurück zum Wagen, noch einmal anderthalb Stunden, bis sie zusammen hier waren, und dann...

Mein Gott, ich rechne schon wieder, dachte er, ich werde es mir nie abgewöhnen.

Aber es war gut, daß er noch einmal angefangen hatte zu rechnen. Er brauchte mindestens drei Stunden, bis er gemeinsam mit Geli hier ankommen konnte. Halb eins, eine halbe Stunde nach Mitternacht. Wer weiß, ob das Licht da unten dann noch brannte. Bauern blieben nicht bis Mitternacht vor dem Fernseher sitzen, sie mußten früh raus, auch im Winter, sie mußten das

Vieh versorgen. Und wenn kein Licht mehr brannte, dann fehlte ihm der Orientierungspunkt, Geli und er mußten aufs Geratewohl über die Schneefläche stapfen. Vielleicht kamen sie viel zu weit ab, irrten durch die Dunkelheit, fanden das Haus nicht mehr. Vielleicht fing es noch einmal an zu schneien, oder der Sturm kam wieder auf, dann waren die Spuren minutenschnell verweht.

Er durfte kein Risiko eingehen, jetzt nicht mehr. Er mußte dort hinunter, dahin, wo Licht und Wärme war, zu den Bauern, Hilfe holen. Geli wartete darauf, sie verließ sich auf ihn.

Das letzte Stück würde schwierig werden, er wußte es. Es war so viel leichter gewesen, auf dem Waldboden zu gehen, daß er schon beim bloßen Gedanken, sich jetzt wieder durch den Schnee quälen zu müssen, die Schmerzen in den Beinen spürte.

Er dachte nicht: Es ist ja nur noch ein kleines Stück, nichts im Vergleich zu dem, was schon hinter mir liegt. Er dachte, daß das beschissene Haus doch auch am Waldrand liegen könnte, verdammt nochmal, dann wären ihm die paar hundert Meter Schneefläche erspart geblieben.

Er sagte halblaut ins Dunkel: »Macht bloß das Licht nicht aus, macht bloß das Licht nicht aus...«, immer wieder, wie eine Litanei.

Er ging langsam, setzte den linken Fuß von oben ins Weiß, drückte ihn tiefer, spürte, wie der Schnee sich gegen die Schienbeine preßte, zog den rechten Fuß hoch, bekam ihn frei, winkelte das Knie an, gab dem Bein einen Schwung nach vorn, drückte den Fuß in den Schnee. Als Kind, fiel ihm ein – als Kind hatte er, wenn er müde war und wenn ihm der Weg zu weit wurde, Entfernungen geschätzt, sich kleine Zwischenziele gewählt und versucht zu erraten, wie viele Schritte es noch wären: bis zum nächsten Haus, bis zur Ginsterhecke, bis dahin, wo der Radweg kreuzte, bis zum Transformatorenhäuschen.

Hier gab es keine Zwischenziele, es gab nur die Schneefläche und das Haus mit dem warmen gelben Licht. Wie viele Schritte mochten es bis zu dem Haus sein?

Er hatte schon so viel gerechnet, er wollte nicht mehr rechnen, er wollte nur noch da sein, anklopfen, einen Klingelknopf drücken, an der Tür rütteln und hineingehen ins Licht und in die Wärme und sich irgendwo fallen lassen, wo es warm und hell war, und schlafen.

Nein, er durfte nicht schlafen. Er mußte ja noch einmal zurückgehen und Geli holen. Aber sie konnten ihm bestimmt dabei helfen, irgendwie würden sie ihm schon helfen. Das mit dem Traktor, das hatte auch Zeit bis morgen. Er brauchte ihnen nur zu schildern, was geschehen war und wo das Auto im Schnee steckte, sie würden viel besser wissen, wie sie ihm helfen konnten, die Gegend war ihnen ja vertraut, vielleicht gab es sogar eine Abkürzung. Er brauchte die Entscheidung nicht mehr zu treffen, er mußte sie nur noch um Hilfe bitten, sie würden schon wissen, was zu tun war.

Es gab Licht und Wärme dort unten, bestimmt hatten sie auch ein Telefon. Er konnte Susanne anrufen und ihr sagen, er hätte es nicht bis nach Hamburg geschafft. Er konnte ihr sogar die Wahrheit sagen, fast die Wahrheit. Der Wagen ist steckengeblieben, konnte er sagen, aber ich hab mich durchgeschlagen, es ist alles gut, ich hab's jetzt warm und trocken.

Er kam schneller voran, als er gedacht hatte. Der Schnee war hier nicht so tief wie oberhalb vom Wald. In Böen stürmischer Wind aus nördlichen Richtungen, hatten sie im Radio gesagt, irgendwann am späten Nachmittag, vor einer Ewigkeit. Also hatte er sich mit der Himmelsrichtung nicht geirrt. Die Hügelkuppe, von der er immer noch nicht wußte, ob es sie wirklich gab, hatte nordwestlich vor ihm gelegen, und jetzt war er nach Süden abgebogen. Von hier aus nach Nordosten kam er zum Auto zurück.

Der Wald hatte dem Sturm viel von der Wut genommen, darum war oberhalb vom Wald der Schnee tiefer gewesen als hier unten, südlich vom Waldstück.

Es war nicht mehr weit bis zum Licht, er konnte schon das Viereck der Fenster erkennen. Und er sah, daß es nicht nur dieses eine Haus gab, es gab noch mehr Häuser, ein Dutzend vielleicht, nebeneinandergereiht, ein kleines Dorf. Aber in den anderen Häusern brannte kein Licht, in keinem Haus, nur in diesem am Dorfrand.

Das Dorf lag geduckt im Schnee, zugeschüttet von der weißen Last. Es lag eingeschmiegt in eine Bodenfalte, mit Häusern auf beiden Seiten einer schmalen Straße; dunkel und abweisend sahen sie aus, wie kauernde riesige Tiere. Nur in dem einen Haus brannte Licht, in *seinem* Haus, das genügte, er brauchte nicht mehr.

Er widerstand der Versuchung, einfach ans nächste Fenster zu klopfen, mit den Fäusten dagegen zu trommeln, bis jemand öff-

nete. Er durfte sich noch nicht gehenlassen, er war angekommen, aber er hatte es noch nicht geschafft, er mußte noch einmal zurückgehen und Geli holen.
Vor dem Haus war der Schnee geräumt, sie hatten einen Weg freigeschaufelt, fast einen Meter breit, einen Weg, der anscheinend zu den anderen Häusern führte; Henze konnte es nur vermuten, weil der Weg sich nach einigen Metern im Dunkel verlor. Aber die Stufen waren freigeschaufelt, der Vorplatz und auch die Einfahrt zur Garage. Ordentliche Leute, dachte er, während er die Stufen hochstieg, und dann sah er, daß die Haustür aufgebrochen war, von innen hatten sie einen Stahlbügel angeschraubt und ein Vorhängeschloß eingehängt.

6

Der Schwarzhaarige fing ihn auf. Wie durch einen Nebelschleier hörte Henze ihn rufen: »Artur! Karli! Na los, macht doch schon, ich brauche Hilfe!«
Noch mehr Hände, die nach ihm griffen, noch mehr Gesichter, die sich über ihn beugten, er hörte die jungen Männer reden, er achtete nicht darauf, was sie sagten, alles war sehr weit weg, es lag jenseits der Nebelschwaden, genau wie das Licht und die Wärme. Aber es tat gut, jemanden reden zu hören, er konnte sich bloß nicht darauf konzentrieren, was sie sagten, weil er so sehr damit beschäftigt war, die Wärme in sich aufzusaugen. Er hätte sich gern die von Schnee und Nässe schwere Kleidung heruntergerissen, damit er noch mehr von dieser köstlichen Wärme aufnehmen konnte, aber es ging nicht, sie hielten ihn fest, ihre Hände waren überall.
Es ist schön, irgendwo angekommen zu sein, dachte er. Ich muß mich um nichts mehr kümmern.
Und gerade, als sie ihn hochhoben... oder schwebte er? Nein, sie hoben ihn, sie trugen ihn, sie brachten ihn in ein Zimmer, in dem es noch mehr Licht gab, noch mehr Wärme. Sie legten ihn irgendwohin, Gott sei Dank, endlich hatten sie begriffen, daß er nicht mehr stehen wollte, nicht mehr durch den Schnee stelzen, einfach nur liegen und ausruhen, so wie jetzt, so weich und so warm. Aber war da nicht eben noch ein Gedanke gewesen, gerade als sie ihn hochgehoben hatten, ein wichtiger Gedanke, den er unbedingt zu Ende denken mußte?

Und dann wußte er es wieder. »Nein«, sagte er, »ich kann hier nicht liegenbleiben. Ich muß das Mädchen holen. Geli ist noch oben im Wagen, sie wartet auf mich.«
Der Schwarzhaarige beugte sich tiefer, er hielt etwas in der Hand – ein Glas? Warum war nur alles so vom Nebel verschleiert? Und warum hörte er die Stimme des Schwarzhaarigen so hohl verzerrt, aus einer Ferne, die sich nicht abschätzen ließ? Während er gleichzeitig das Gesicht dicht vor sich sah, ein schönes Gesicht mit sanften braunen Augen, ganz weich geschnitten, ein Madonnengesicht.
»Trinken Sie das«, sagte der Schwarzhaarige, »das wird Ihnen guttun.«
Das Glas wurde ihm gegen die Lippen gepreßt, er wollte nicht trinken, er hatte jetzt keine Zeit, er mußte ihnen von Geli erzählen. Aber seine Lippen öffneten sich wie von selber, er spürte den scharfen Schnapsgeschmack auf der Zunge, und dann rann die Flüssigkeit in die Kehle, fraß sich tiefer in ihn hinein, bis ungefähr da, wo er den Magen vermutete, ein Feuer aufloderte und erlosch.
»Was ist mit dem Mädchen?« fragte der Schwarzhaarige. »Wo steht Ihr Wagen?«
Henze stützte sich auf den Ellbogen hoch. »Wir sind in einer Schneeverwehung steckengeblieben.«
Der Schwarzhaarige machte eine ungeduldige Bewegung. »Sagen Sie uns, wo der Wagen steht, wir holen das Mädchen.«
Henze kam noch ein Stück höher. »Nein, das geht nicht, ich muß mitkommen. Es ist ziemlich weit weg. Ich habe fast zwei Stunden bis hierher gebraucht.«
»Dann sollten wir erst recht keine Zeit verlieren. Aus welcher Richtung sind Sie gekommen? Von Rodersfelden?«
Henze sah ihn verwirrt an. Rodersfelden, das klang wie ein Ortsname. »Da, wo der Wagen feststeckt, ist kein Dorf, weit und breit nicht«, sagte er. »Ich bin von dort oben gekommen.« Er hatte schon die Hand ausgestreckt, er ließ sie wieder sinken, er hatte die Orientierung verloren. »Einen Hang herunter, dann durch ein Waldstück. Von da aus habe ich das Licht im Haus gesehen.«
»Dann steht der Wagen auf der alten Straße«, vermutete der Schwarzhaarige. »In welche Richtung? Wenn man den Hang hinaufkommt, durch den Wald, muß man sich danach rechts oder links halten?«

»Was haben Sie denn auf der alten Straße gewollt?« fragte der Blonde dazwischen. »Die führt doch nirgendwohin.«
Was meinten sie mit der ›alten Straße‹, und wieso führte die nirgendwohin? Warum halfen sie ihm nicht endlich wieder hoch, damit sie gemeinsam losgehen konnten? Geli wartete doch, seit zwei Stunden wartete sie schon.
»Nach rechts, nach Nordosten«, sagte Henze. »Immer die Straße lang. Da kommt wieder ein Waldstück, und kurz davor steht der Wagen, links im Feld. Ich hab eine Blinkleuchte aufs Dach gestellt.«
Der Schwarzhaarige nickte. »Gut, Karli und mein Bruder werden das Mädchen holen. Sagen Sie uns noch den Namen, wie heißt das Mädchen?«
»Angelika«, antwortete er, »Angelika Geuting.« Er versuchte ein Grinsen. »Es ist nur ein Mädchen dort oben. Sie müssen sich nicht erst durchfragen.«
Der Schwarzhaarige lächelte zurück. »Trotzdem hat sie vielleicht weniger Angst, wenn Karli und Artur ihren Namen kennen. Ihren übrigens auch, damit die beiden sagen können, wer sie schickt. Sie haben fast zwei Stunden gebraucht, sagen Sie. Das Mädchen wird ziemlich erschrocken sein, wenn plötzlich zwei Fremde auftauchen.«
Ach so, dachte Henze, der Junge ist clever, der nimmt die Sache in die Hand und vergißt nichts, der denkt an alles. »Henze«, sagte er, »Werner Henze. Aber ich möchte lieber mitkommen, es ist ziemlich anstrengend... da hoch, durch den Schnee.«
Der Blonde, der mit dem Backenbart, drückte ihn zurück auf die Couch. »Eben, darum gehen wir besser allein. Sie sind doch fertig, Mann, so was von fertig gibt's gar nicht.« Er wandte sich an den Schwarzhaarigen. »Wir nehmen den Schlitten mit. Und Schneeschuhe. Sagst du der Alten mal, daß sie zwei Decken herholen soll?«
Henze stemmte sich wieder hoch. »Es ist eine Decke im Wagen. Das mit dem Schlitten... ich weiß nicht, ob das geht, der Schnee ist ziemlich tief.«
»Mein Bruder Artur zieht den Schlitten«, sagte der Schwarzhaarige. »So tief kann der Schnee gar nicht sein, daß Artur nicht durchkommt. Wissen Sie, mein armer Bruder hat nicht viel, was ihm Freude macht. Aber an seiner Kraft hat er Freude. Nicht wahr, Artur, du wirst den Schlitten ziehen? Das macht dir doch Spaß?«

»Ja«, kollerte der Hüne, »das macht mir Spaß.«
»Es wäre vielleicht trotzdem besser...«, fing Henze noch einmal an. Er ließ den Rest in der Luft hängen, er wartete und hoffte, daß einer von ihnen – der Schwarzhaarige oder der Blonde oder der Riese, der mit den Schaufelhänden – endgültig sagen würde: nein, er müsse nicht mitkommen, er könne hierbleiben, hier im Zimmer, wo das Feuer im Kamin brannte.
Der Schwarzhaarige sagte es. Er sagte es erst, als die anderen beiden schon hinausgegangen waren. »Sie bleiben«, sagte er. »Für Sie suchen wir jetzt erst mal trockene Kleidung. Die alte Jaschob wird Ihnen Tee machen. Mit Kaffee sind wir etwas knapp. Vielleicht wollen Sie duschen?«
»Mein Gott«, sagte Henze, »wenn's so was gibt... Ich kann's noch gar nicht glauben.«
Draußen hörte er ein blubberndes Lachen, mehr wie ein Keuchen, aber trotzdem fröhlich. Und was da über die Haustürstufen rumpelte, das mußte der Schlitten sein.

Henze schlug die Augen auf, sein Blick fiel auf das Kaminfeuer. Der Schwarzhaarige saß im Schaukelstuhl neben dem Feuer und las. Henze schob die Decke ein Stück zur Seite, bis er das Zifferblatt der Armbanduhr sehen konnte. Ein Uhr nachts, sie mußten schon auf dem Rückweg sein.
Er hatte geschlafen. Mindestens zwei Stunden, fing er zu rechnen an, eher zweieinhalb. Das Duschbad und die Rühreier mit Schinken, die ihm die alte Frau gebracht hatte, und zwei Becher Tee, danach war er eingeschlafen, hier auf der Couch. Er wollte ja wenigstens auf Geli warten, wenn er schon nicht mitgegangen war.
Ungefähr um Mitternacht mußten sie am Wagen gewesen sein, und jetzt gingen sie wahrscheinlich auf das Waldstück am Hang zu, sie hatten es nicht mehr weit bis zum Haus. Geli würde bald hier sein. Er stellte sich vor, wie sie zur Tür hereinwankte, gestützt von den beiden, die sie geholt hatten. Vielleicht mußte der Große sie auch tragen, weil sie sich nicht mehr auf den Beinen halten konnte. Es würde ihr guttun, wenn er da war und sie in die Arme nehmen konnte. Spätestens, wenn er sie in den Armen hielt, wußte sie, daß sie geborgen war.
Es sei denn, fiel ihm ein, die beiden hätten den Wagen überhaupt nicht gefunden. Vielleicht war die Blinkleuchte längst erloschen, wer weiß, wie schwach die Batterie schon gewesen

war. Hatte er ihnen den Weg richtig erklärt, genau genug? Die Zaunpfosten hätte er vielleicht noch erwähnen sollen, die aus dem Schnee ragten. An den Zaunpfosten entlang, hätte er sagen müssen, bis Sie auf die Straße stoßen. Aber der Blonde schien die Straße ja zu kennen. Die alte Straße, hatte er gesagt. Wieso eigentlich, wieso war das eine alte Straße? Es war doch die, auf der sie zum Hotel wollten.
Er hatte nun doch nicht bei Susanne anrufen können. Es gäbe keinen Privatanschluß im Ort, nur eine Telefonzelle, hatte der Schwarzhaarige gesagt, und die sei defekt. Angeblich gab es auch keine Traktoren, hatte der Schwarzhaarige...
Wie hieß er gleich? Der Blonde war Karli, der Große Artur, und der Schwarzhaarige, der sich um alles kümmerte... Rüdiger, fiel ihm ein. »Sagen Sie einfach Rüdiger zu mir.« Die jungen Leute waren heute so verblüffend unkompliziert. Aber Henze hatte es dann doch nicht fertiggebracht, dem jungen Mann zu sagen, er solle ihn Werner nennen.
»Hier leben nur noch alte Leute«, hatte Rüdiger gesagt. »Wenn man's ihnen nicht aufgezwungen hätte, gäbe es nicht einmal eine Wasserleitung und elektrisches Licht. Die wollen für sich bleiben, und sie wollen, daß sich im Dorf nichts ändert. Sie werden ja noch erleben, was das für Holzköpfe sind.«
Es war Henze eigentlich egal gewesen, heute nacht war ihm alles egal. Wenn es allerdings wirklich keinen Traktor gab, dann mußte er sich morgen etwas einfallen lassen. Vielleicht hatten sie ein Fuhrwerk im Dorf oder ein Schlittengespann. Und wenn sie ihm hier nicht weiterhelfen konnten, dann gab es bestimmt irgendwo in der Nähe ein größeres Dorf. Hatte nicht Rüdiger vorhin einen Ortsnamen erwähnt? Aber, wie gesagt, heute nacht spielte das alles keine Rolle mehr.
Er hoffte nur, daß Geli bald käme und daß der Schock nicht zu groß für sie gewesen war. Er mußte sehr behutsam mit ihr sein, vor allem jetzt, nachdem er die Erfahrung, die ganz neue Erfahrung gemacht hatte, wie leicht ein unvorhergesehenes Ereignis sie aus dem Gleichgewicht bringen konnte. Die alte Frau würde ihr sicher noch einmal Tee kochen; vielleicht hatte Geli auch Lust, sich unter der Dusche das eisige Gefühl von der Haut zu waschen, aber dann brauchte sie nichts so dringend wie Schlaf, acht Stunden, zehn Stunden, mein Gott, solange sie wollte. Jetzt hatte alles keine Eile mehr.
Vorhin, als Rüdiger ihn wegen des Zimmers gefragt hatte...

Henze hatte das eigentlich sehr spaßig gefunden. Auf der einen Seite waren die jungen Leute beneidenswert ungezwungen, ließen sich mit dem Vornamen anreden, waren untereinander per Du – eine lässige Generation im Pullover und mit Turnschuhen. Und auf der anderen Seite konnten sie so förmlich sein. Der Schwarzhaarige, zum Beispiel, Rüdiger, er lief im Pullover und in Turnschuhen herum, aber er redete, als hätte er einen Nadelstreifenanzug an. Und vorhin hatte er gefragt: »Wie möchten Sie das mit dem Zimmer geregelt haben? Getrennte Zimmer oder ein gemeinsames Zimmer?« Und er war sogar rot geworden, als Henze – zugegeben, ein bißchen im Überschwang, weil er gerade heißen Tee geschlürft und unter der Dusche gestanden und Rühreier mit Schinken gegessen hatte – zur Antwort gab: »Wir schlafen zusammen.« Er hatte weder das zweite noch das dritte Wort betont.
Getrennte Zimmer – das wäre Geli sicher nicht recht gewesen, von ihm selbst ganz zu schweigen. Heute nacht war sie bestimmt zu müde, egal, wie viele hübsche Einfälle Henze jetzt schon kamen, während er auf der Couch lag, wieder wach und trotzdem schläfrig, wohlig warm unter der Decke, so nah beim offenen Feuer – da hält man sich gern an Einfällen fest, die man vor zwei, drei Stunden noch, draußen im Schnee, schnell wieder beiseite geschoben hat. Aber heute nacht mußte er Geduld mit Geli haben; morgen früh – nicht allzu früh, erst wenn sie ausgeschlafen hatte – würde er sich an sie kuscheln und ihre schlafwarme Haut streicheln, die langen Schenkel, ihren glatten Bauch und ihre Brüste, deren schönen Schwung er vor sich sah, er brauchte nur die Augen zu schließen.
»Ich will nicht neugierig sein, aber ich wette, daß Sie eben an etwas Schönes gedacht haben«, hörte er Rüdiger mitten in seine Gedanken hinein sagen.
Diesmal wurde Henze rot, das Lächeln erstarrte, er überlegte eine Antwort, die nicht frivol klingen, aber auch nichts von seiner überrumpelten Verlegenheit verraten sollte. Und als er sich gerade entschlossen hatte, gar nicht zu antworten, die Decke wegzuschieben und aufzustehen, hörte er draußen Gelis Stimme mit ihrem unverwechselbaren Klang.
»Nanu«, sagte er, »jetzt schon?« Es war kurz nach eins.
Rüdiger stand auf. »Mit Schneeschuhen geht es schneller. Bleiben Sie ruhig liegen, ich kümmere mich um alles.«
Werner Henze stieß die Decke weg, schwang die Beine von der

Couch und zuckte zusammen, als er den stechenden Schmerz in den Oberschenkeln spürte. Muskelkater, dachte er, und ein bißchen trotzig schickte er den Gedanken hinterher: Das ist morgen früh vorbei, genau wie die Rückenschmerzen, das kommt nur von der Anstrengung. Geli wird genauso kaputt sein. Aber dann hörte er sie wieder lachen, ausgelassen, fast übermütig; es klang durchaus nicht so, als wäre sie erschöpft.
Rüdiger ging in die Diele, um das Vorhängeschloß aufzuschließen. Henze hörte, wie sie draußen den Schnee von den Stiefeln stampften, auf den Treppenstufen mußte das wohl schon sein. Die Schlittenkufen knirschten über den Stein, Artur kollerte sein keuchendes Lachen, Geli stimmte ein.
Henze wäre ihr gern entgegengegangen, wenigstens bis in den Flur, und er dachte auch, daß sie es wohl erwartete, daß es sich so gehörte. Aber er blieb vor der Couch stehen, er hatte auf einmal das Gefühl, daß er gar nicht zu denen da draußen gehörte, weil sie so fröhlich waren, so voller Kraft.
Und er fing wieder zu rechnen an. Neunzehn Jahre, fast zwei Jahrzehnte. Mit siebenundzwanzig war er auch nicht so schnell erschöpft gewesen. Und sie hatten den Schlitten gehabt, dachte er, und die Schneeschuhe.
Was, zum Teufel, waren eigentlich Schneeschuhe?

Geli sagte es ihm später, als sie in dem breiten Bauernbett lagen, unter dem bauschigen Plumeau. »Du, die Schneeschuhe«, sagte sie, »die mußt du unbedingt mal ausprobieren. Das macht einen Spaß, das glaubst du gar nicht. Hast du schon mal auf Schneeschuhen gestanden? Also, die sehen aus wie kleine Skier, ganz kurz, aber breit, viel breiter. Und sie sind nicht aus Holz, sondern... so geflochten sind sie, aus Weidenzeug oder so. Du sinkst fast überhaupt nicht ein. Es ist ganz einfach, über den Schnee zu laufen.«
»Schade, ich hab keine gehabt«, sagte er. »Für mich war es nicht so einfach.« Und er dachte, daß sie sich nicht einmal bedankt hatte, jedenfalls nicht bei ihm. Dem Blonden, Karli – dem war sie um den Hals gefallen, daß er ihr Lebensretter wäre, hatte sie gesagt; und dem Muskelpaket mit den schwarzen Zottelfransen, Artur – dem hatte sie das Gesicht getätschelt. »Du bist so stark«, hatte sie gesagt, »ein anderer hätte das gar nicht geschafft, den Schlitten durch den Schnee zu ziehen.« *Du*, hatte sie gesagt, sie gehörte eben auch zur Turnschuhgeneration,

auch wenn sie zusätzlich die Annehmlichkeiten genoß, die Henze ihr bieten konnte.
»Zuerst haben sie mich auf dem Schlitten gezogen, oben auf der Straße«, erzählte Geli. »Das heißt, Artur hat mich gezogen, Karli ist nur nebenher gegangen und hat die Koffer festgehalten. Das mit den Koffern, das war doch eine gute Idee von mir, nicht wahr?«
Er hatte es eher ein bißchen unverschämt gefunden. Wenn einen schon jemand aus dem Schnee rausholt, dann kann man nicht gut verlangen, daß er auch noch Gepäckträger spielt. Aber er konnte sich schon vorstellen, wie Geli gejammert hatte, sie hätte doch morgen gar nichts anzuziehen, und ein paar Kleinigkeiten brauchte sie unbedingt.
»Die Frage ist nur, wie wir die Koffer von hier wegbringen«, sagte er.
»Wie willst du denn weg? Die Straßen sind doch zugeschneit.«
»Ohne Koffer hätten wir's vielleicht bis ins nächste Dorf geschafft. Ich muß nur jemanden finden, der uns mit dem Traktor da oben rausholt und bis dahin bringt, wo die Straßen schon geräumt sind.«
Sie fuhr ihm mit der Hand in großen Kreisen über die Brust, sie zog die Kreise bei jeder Bewegung ein bißchen weiter, und er überlegte gerade, ob er ihr sagen sollte, wie müde er war, oder ob er einfach nach ihrer Hand haschen und sie festhalten sollte.
»Das ist doch alles furchtbar umständlich«, sagte sie. »Warum hast du's denn so eilig? Karli hat mir gesagt, wir könnten ruhig hierbleiben, sie hätten genug Platz. Und nach dem Wochenende, wenn der Schnee weggetaut ist, ziehen sie uns den Mercedes raus. Sie haben einen Landrover. Karli hat sich das genau angesehen. Das schaffen wir leicht, hat er gesagt, wir ziehen euch mit dem Landrover aus dem Acker.«
»Und wenn der Schnee übers Wochenende nicht wegtaut?«
»Im Radio haben sie heute abend gesagt, daß kaum noch mit Niederschlägen zu rechnen ist.«
»Vermutlich hat dir das auch Karli erzählt?«
»Meine Güte, sei doch nicht gleich sauer. Natürlich haben wir uns über alles mögliche unterhalten. Hätten wir etwa zwei Stunden stumm wie die Fische nebeneinander her latschen sollen?«

»Was hat er denn sonst noch alles erzählt? Weißt du, wo die drei herkommen? Was tun die hier im Dorf?«
Er spürte an der Bewegung ihrer Schulter, daß sie die Achseln zuckte. »Keine Ahnung, danach habe ich nicht gefragt. Wenn du willst, frag ich morgen. Oder – nein, das ist ja schon heute.«
Richtig, es ist schon Samstag, fing er zu rechnen an. Bis Dienstagmorgen wären wir im Hotel geblieben. Noch drei Tage. Es kann ja wirklich nicht ewig so weiter schneien, bis zum Montag sind die Straßen bestimmt geräumt. Und wenn die jungen Leute sie mit dem Landrover rauszogen, war das Problem gelöst. Die Idee gefiel ihm zunehmend besser. Morgen ins nächste Dorf zu laufen, mit dem Muskelkater ... wer weiß, wie lange er dazu brauchte.
»Ich muß morgen den anderen, den Schwarzhaarigen, fragen, ob wir wirklich übers Wochenende bleiben können«, sagte er. »Ich habe den Eindruck, er ist der, der hier die Entscheidungen trifft.«
»Und wenn er ja sagt, bleiben wir?«
»Gefällt's dir denn hier?« fragte er überrascht. »Viel anfangen kannst du hier nicht.«
Sie lachte leise an seinem Ohr. »Hast du eine Ahnung, was wir hier alles anfangen können!«
Und weil der Kreis ihrer streichelnden Hand noch ein Stückchen kühner wurde, mußte er sich jetzt bald entscheiden, ob er müde war oder nicht. Sie weiß eben nicht, wieviel schwerer es für mich gewesen ist, dachte er. Sie hat ja nicht lange überlegen müssen, ob sie geradeaus weitergehen oder es nach links, den Hang hinunter, versuchen soll. Für sie war das ganz einfach, sie hat sich auf dem Schlitten ziehen lassen und später ihren Spaß mit den Schneeschuhen gehabt.
Den zweiten Gedanken, daß es vielleicht doch nicht nur daran gelegen hätte, sondern auch an den neunzehn Jahren, die sie jünger war ... den Gedanken schob er schnell beiseite.
Noch einmal ein Gurren, ganz leise, halb verschluckt, und dann sagte sie: »Der Karli, der Blonde, das ist ein Frechdachs, dem hab ich unterwegs zweimal auf die Finger klopfen müssen.«
Er rückte ein Stück von ihr ab. »Ist er zudringlich geworden?«
»Du meine Güte, wie du das sagst! Das war doch nur Spaß. Er hat so getan, als ob er die Koffer zurechtrücken müßte, und da-

bei ist er ein bißchen ... na ja, du weißt schon, er hat so getan, als ob er daneben gegriffen hätte. Aber es war wirklich nur Spaß. Er hat eben ausprobieren wollen, was ich mir gefallen lasse.«
Er sagte nichts. Wahrscheinlich hatte Karli auch gefragt, wieso sie denn mit so einem alten Macker unterwegs wäre. Oder er hatte gar nichts mehr gefragt, weil er ja den 280er gesehen und sich sein Teil gedacht hatte. Und sie fand das auch noch spaßig.
Sie rutschte näher, nicht nur das Stück, das er weggerückt war, noch zwei, drei Zentimeter mehr, er spürte ihre Brüste an der nackten Haut.
»Siehst du, jetzt bist du wirklich sauer«, sagte sie vorwurfsvoll. »Dabei hast du gar keinen Grund. So einer wie Karli liegt mir nicht, ich kann den Typ nicht ab.« Und nach einem kleinen Zögern, als ob sie selber gerade erst darüber nachgedacht hätte: »Der Schwarzhaarige, der könnte mir eher gefährlich werden.«
»Wie schön für dich, daß du die freie Auswahl hast. Falls wir wirklich bleiben, kannst du dir ja Zeit lassen mit der Entscheidung.« Es hatte kühl klingen sollen, ein bißchen sarkastisch, aber dann war ihm doch der Ärger mit in die Stimme gerutscht.
»Bäh!« machte sie im Dunkel neben ihm. »Sei doch nicht so ein alter Nasenbär! Ich such mir keinen von denen aus, ich hab ja dich.«
Er versuchte es mit einem Gähnen, nicht laut, aber eindeutig genug. »Wie wär's denn, wenn wir jetzt erst mal ein bißchen schlafen, bevor du noch anfängst, mir von dem Riesen vorzuschwärmen?«
Sie lachte hell auf. »Von Artur? Ach du liebe Zeit, der hat doch einen kleinen Haschmich. Hast du das nicht gemerkt? Aber lieb ist er, richtig süß. Und unheimlich stark.«
»Na also«, sagte er, »jetzt haben wir sie ja alle durch.« Er drückte ihr einen Kuß auf die Stirn. »Schlaf gut, Geli, heb dir alles, was du mir noch erzählen willst, für morgen auf.«
»Du, Werner, tust du mir noch einen Gefallen?«
Fast hätte er geseufzt. »Was ist denn noch, Kleines?«
»Guck doch mal, ob du irgendwo ein Glas Milch auftreiben kannst. Ich hab so unheimlich Durst.«
Mein Gott, mitten in der Nacht, es war gerade kurz nach zwei ... Aber wenn er nicht ging, ließ sie ihm ja doch keine Ruhe. Er

wußte inzwischen, wo die Küche war. Die Milch mußte im Kühlschrank stehen, ein Glas würde er schon irgendwo finden. Er stöhnte auf, als er die Beine auf den Fußboden setzte, der Muskelkater wurde immer schlimmer. Im Dunkeln suchte er nach dem Hausanzug, den Rüdiger ihm geliehen hatte, wahrscheinlich der von seinem Vater; das Ding war viel zu weit, es schlackerte ihm um den Bauch, dafür waren die Beine ein Stück zu kurz geraten. Er streifte die Wollsocken über, nach den Hausschuhen zu suchen, war ihm jetzt zu umständlich. Leise öffnete er die Tür, die jungen Leute schliefen vermutlich schon. Auf Zehenspitzen ging er die Treppe hinunter, er hangelte sich am Geländer entlang. Durch das Dielenfenster fiel bleicher Schein, das fahle Licht der Schneenacht genügte Henze, um sich in dem fremden Haus zurechtzufinden.

Nein, sie schliefen noch nicht, unter der Wohnzimmertür schimmerte es hell. Aber er wollte nicht stören, um ein Glas Milch mußte er sicher nicht erst ausdrücklich bitten. Vorsichtig drückte er die Klinke der Küchentür herunter. Die Verbindungstür zur Eßecke stand offen... genug Licht, der Kühlschrank, die Einbauregale – kein Problem, es würde alles ganz schnell gehen. Er fand ein Glas, die Schranktür klappte nicht einmal, und was dann an unvermeidlichen Geräuschen folgte, das Schnappen der Kühlschranktür und das Glucksen, als er die Milch ins Glas goß, ging vollends unter, weil gerade in diesem Augenblick surrend das Kühlaggregat ansprang. Henze war schon fertig, er wollte sich wieder der Tür zuwenden, da hörte er sie drin reden.

»Trotzdem, es könnte ein Fehler sein, daß wir die beiden hergeholt haben.« Das war, wenn ihn nicht alles täuschte, Karli gewesen, der Blonde.

Und dann der Schwarzhaarige, die Stimme erkannte er sofort wieder. »Wir haben doch gar keine Wahl gehabt. Hätte ich ihn wegschicken sollen, als er unter der Tür halb zusammengebrochen ist? Laß du die Finger von dem Mädchen, dann wird's keinen Ärger geben.«

»Laß die Finger von dem Mädchen!« äffte der Blonde Rüdiger nach. »Ist das alles, was dir einfällt? Ich fang schon nichts an mit seiner Mieze. Aber er wird trotzdem merken, was hier los ist. Und hinterher wird er quatschen.«

»Reg dich nicht auf«, sagte Rüdiger. »Er wird froh sein, daß wir ihn aufgenommen haben. Am Schluß helfen wir ihm, den Wagen rauszuziehen, und wenn er dann wieder auf dem Heimweg ist, hat er ganz andere Sorgen. Er muß sich nämlich was ausdenken, was er zu Hause der Mutti erzählt. Das war so ziemlich das erste, wonach er gefragt hat: ob's hier Telefon gibt, hat er wissen wollen.«

»Wenn er was merkt, können wir trotzdem Ärger kriegen. Wir sollten sie morgen gleich wegschicken. Gib ihnen die Schneeschuhe und schick sie nach Rodersfelden.«

»Ich denke, du hast dem Mädchen versprochen, daß sie bleiben können?« fragte Rüdiger.

»Ja, ich hab mir erst hinterher überlegt, daß es Probleme geben kann.«

»Das ist dein alter Fehler. Erst redest du, und dann fängst du an nachzudenken!«

Einer von ihnen stocherte im Kamin herum. Es rumpelte ein bißchen, wahrscheinlich halb verkohlte Holzscheite, die herunterfielen. Und dann ein schabendes Kratzen, als der Schürhaken über die gemauerten Steine fuhr. Henze öffnete rasch die Küchentür.

Und als er eben hinausschlüpfen wollte, hörte er den Schwarzhaarigen sagen: »Wir werden ein bißchen vorsichtiger sein. Das mit der Katze, das lassen wir morgen. Artur bringt den alten Kahlen auch so zur Raison, nicht wahr, Artur?«

Mitten in Arturs kollernde Zustimmung hinein drückte Henze leise die Tür ins Schloß. Erst unterwegs merkte er, daß das Glas in seiner Hand zitterte. Er war froh, als Geli es ihm abnahm.

»Du bist ein Schatz«, bedankte sie sich. »Dabei hattest du mir das Glas Milch gar nicht versprochen. Nur das Dorf, oder wenigstens ein Bett. Weißt du noch? Ich schenk dir ein Dorf, hast du gesagt.«

Und er dachte, während er die Socken abstreifte und den Hausanzug auszog, daß er ihr das Dorf vielleicht gar nicht mehr schenken könnte, nicht dieses Dorf.

7

Sie hatte den Kopf in seine Armbeuge gebettet, und daran lag es wohl, daß er aufgewacht war: Myriaden winziger Ameisen schienen dicht unter der Haut zu wimmeln, das Kribbeln war unerträglich. Behutsam schob er den Arm nach oben,

bis er ihn frei bekam; Geli hatte nichts gemerkt, sie schlief ruhig weiter.
Fünf Minuten nach zehn, mein Gott, da hatte er fast acht Stunden geschlafen, mehr als genug für ihn. Sie schlief meistens länger als er, manchmal bis in den Mittag hinein. Es hatte ihn immer ein bißchen geärgert, weil es ihnen so viel gemeinsame Zeit wegnahm, und sie hatten ja nur die Wochenenden, einmal im Monat, auch zweimal, wenn es sich einrichten ließ.
Sie sieht wie ein großes Kind aus, dachte er, ein schlafendes Kind mit schmollend aufgeworfenen Lippen, das kurz geschnittene Haar verwuschelt, eine kleine Kräuselfalte auf der Nase. Sie sieht sehr zart aus, dachte er noch, wie alle schlafenden Kinder, so zerbrechlich, daß man sie beschützen möchte. Aber als er dann dachte, sie sei verführerisch schön, verbesserte er sich sofort. Das war es gar nicht, was ihn faszinierte, und objektiv gesehen... so objektiv, wie ein Mann, der gerade seinen Arm unter dem Kopf eines Mädchens weggezogen hat, so etwas sehen kann, war sie eher hübsch als schön. Niedlich wie ein Spielzeug, das man nicht hergeben will.
Sie war verführerisch jung, das war es, was ihn faszinierte, siebenundzwanzig Jahre jung. Und das bedeutete ihm um so mehr, je öfter er sich vorrechnete, daß er in vier Jahren fünfzig wurde und in vierzehn Jahren schon sechzig war. Susanne hatte – objektiv gesehen, wieder mit dieser relativen Objektivität – mit siebenundzwanzig eher das Attribut schön verdient, ein wenig mehr von der Art der strengen, klassischen Schönheit; sie hatte ihn damals genauso fasziniert. Nur, Susanne war eben nicht mehr siebenundzwanzig, sie war fünfundvierzig.
Er wollte sich nichts vormachen, keine Entschuldigungen einreden, an die er selbst nicht glaubte. Er kam sich gemein und feige vor. Susanne war die Frau, mit der er sein Leben verbringen und zu Ende leben wollte, aber er wollte auch nicht darauf verzichten, wenigstens gelegentlich auszubrechen aus seinen sechsundvierzig Jahren, und sich in Gelis Armen zu betrügen. Er hatte es längst eingesehen, daß er nicht nur Susanne, sondern auch sich selbst betrog.
Irgendwann mußte er sich entscheiden. Irgendwann muß ein Trinker sich entschließen, die Finger von der Flasche zu lassen, und ein Raucher muß seiner Einsicht, daß er nicht unbegrenzt mit dem Risiko spielen darf, einen Entschluß hinzufügen. Irgendwann, nicht heute.

Er stand auf, ging ins Bad, drehte die Dusche auf. Hätte er noch eine Stunde gewartet, wäre Geli vielleicht nachgekommen. Jetzt war es noch zu früh für sie, sie schlief heute bestimmt länger als gewöhnlich; vor zwölf wollte er gar nicht erst versuchen, sie zu wecken.
Schon unter der Dusche war ihm das Gespräch wieder eingefallen, das er heute nacht mit angehört hatte. Er wird merken, was hier los ist, hatte der Blonde gesagt, und hinterher wird er quatschen. Es war, wenn er jetzt bei Tag darüber nachdachte, eine ganz bedeutungslose Bemerkung. Nichts, was ihn erschrecken mußte. Was sollte schon los sein in diesem abgelegenen Dorf, was konnte es schon hinterher darüber zu reden geben?
Daß ihn die Bemerkung heute nacht beunruhigt hatte, sogar auf unerklärliche Weise erschreckt, das mußte wohl an seinen überreizten Nerven gelegen haben.
Er kam ins Schlafzimmer zurück, zog die Unterwäsche an, nahm die gefütterte Hose aus dem Koffer, ein Sporthemd und den blauen Pullover. Es war kühl im Zimmer, nicht wirklich kalt, aber er fröstelte ein bißchen nach dem Duschbad und nach der molligen Wärme im Badezimmer. Es mußte eine Heizung im Zimmer geben, sonst wäre es bei diesen Temperaturen frostig gewesen. Eisblumen hätten am Fenster geklebt. Einen Heizkörper konnte er nicht entdecken. Ob sie eine Fußbodenheizung eingebaut hatten, hier in diesem Dorf, irgendwo kurz vor dem Ende der Welt?
Auch das gehörte zu den Dingen, die er sich nicht erklären konnte. Als er das Licht gesehen hatte, oben vom Waldrand aus, hatte er damit gerechnet, zu einem Bauernhaus zu kommen. Aber er kam zu einem Haus, das sehr behaglich eingerichtet war, für Henzes Geschmack vielleicht ein wenig zu sehr altdeutsch, ein bißchen zuviel Eiche. Ein Haus, in dem ein Kaminfeuer brannte. Er traf keine Bauern, sondern drei junge Männer, die Pullover trugen und Turnschuhe, junge Leute, die bestimmt nicht ins Dorf gehörten, sondern zufällig hier waren, wenn auch nicht ganz so zufällig wie Werner Henze und Geli. Sie hatten sich um ihn gekümmert, sie hatten Geli geholt, sie waren sehr höflich gewesen, sehr gastfreundlich. Aber das Schloß an der Haustür war aufgebrochen gewesen, von innen hatte jemand einen Stahlbügel angeschraubt und ein Vorhängeschloß eingehängt.

Die Dinge paßten nicht zueinander. Henze mußte heute über eine Menge Fragen nachdenken, die ihm alle in der Nacht nicht eingefallen waren – heute nacht, als er viel zu erschöpft und viel zu glücklich gewesen war, weil er es endlich doch noch geschafft hatte, weil er angekommen war.
Über Fragen denkt man eigentlich nicht nach, man stellt sie einfach. Und er hätte sie ja auch gestellt, wenn dieses Gespräch nicht gewesen wäre. Dieses Gespräch, das noch mehr Fragen aufwarf.
Wir werden Ärger kriegen, hatte der Blonde gesagt. Was hieß das? Bildete Henze sich nur ein, daß es... irgendwie dunkel und drohend klang?
Im Grunde ging es ihn gar nichts an, was im Dorf los war, was immer das sein mochte. Die andere Bemerkung, daß der Blonde die Finger von Geli lassen sollte, und die Anspielung, weil Henze nach einem Telefon gefragt hatte – das mußte ihn viel mehr berühren. Sie machten ihre Witze über Geli und ihn, sicher fanden sie es sehr komisch, daß einer wie er mit einem jungen Mädchen ins Wochenende fuhr, einer, der schon beinahe fünfzig ist. Das heißt, wer weiß, wie alt sie ihn eingeschätzt hatten, vor allem heute nacht, als er so erschöpft hier angekommen und unter der Haustür zusammengebrochen war.
Er würde ihnen die Fragen, die ihm eingefallen waren, lieber nicht stellen. Aber er würde sie auch nicht für sich behalten. Es gab ja noch mehr Leute im Dorf. Es gab zum Beispiel – hier im Haus – die alte Frau, die ihm das Bett gemacht und den Tee gekocht und die Rühreier mit Schinken gebracht hatte. Die Frau, zu der sie Emma und du sagten, obwohl sie beinahe ihre Großmutter sein konnte. Die Frau, die kein Wort geredet, sondern nur stumm getan hatte, was sie ihr auftrugen. Stumm und in einer Art verzweifelter Apathie. Oder bildete er sich das auch nur ein?
Wieder eine Frage, die er jemandem stellen mußte.
Er ging ans Fenster, sah hinaus. Das Zimmer lag nach Norden, auf der Hangseite; Henzes Blick fiel auf das Waldstück, durch das er gestern gekommen war. Nur noch ein paar Wolkenfetzen hingen am Himmel, aufgerissene Reste der grauen Decke, aus der gestern die Schneelast gefallen war. Das Blau dazwischen schimmerte stumpf, der Glanz fehlte ihm noch. Aber man ahnte schon, daß gegen Mittag die Sonne durchbrechen würde, in drei Stunden ungefähr.

Wenn ich recht behalte, dachte Henze, dann fängt der Schnee in drei Stunden unter dem kalten Glanz der Wintersonne zu funkeln an. Nicht lange, weil die Sonne noch nicht genug Kraft hat. Aber drei, vier Stunden – und morgen wieder, das könnte reichen. Dann müßten wir es am Montag bis zu dem anderen Dorf schaffen, das der Schwarzhaarige erwähnt hat.
Was sind schon zwei Tage? Warum hat der Blonde gedacht, daß ich ihnen in den zwei Tagen gefährlich werden könnte?
Er ging zurück ins Badezimmer, um sich zu rasieren, und als er fast fertig war, das Scherblatt nur noch eine Weile um ein paar widerspenstige Haare an der Kinnpartie kreisen mußte, fiel ihm ein, was Rüdiger heute nacht gesagt hatte, ganz am Schluß, als Henze schon die Küchentür geöffnet hatte. Daß sie das mit der Katze aufschieben wollten, hatte er gesagt.
Noch eine Frage. Er mußte jemanden finden, der Antworten auf all diese Fragen wußte.
Im Schlafzimmer nahm er den Parka. Geli schlief noch immer, verführerisch jung, dachte er noch einmal, und – er wollte ihr nicht unrecht tun – auch schön, auf ihre Art schön, ein wenig zu ausdruckslos vielleicht, aber das kann man sich leisten, wenn man jung genug ist. Alle schlafenden Kinder sind schön, ging ihm durch den Kopf, während er leise die Tür öffnete, und als er sie hinter sich zuzog, mußte er lächeln bei dem Gedanken: Nur, unschuldig sind sie nicht alle, die Kinder, Teufel auch, was für ein Glück.
Im Haus war es still, er ging die Treppe hinunter, und da er im Wohnzimmer keine Stimmen hörte, nur ein paar Geräusche aus der Küche, versuchte er es dort. Die alte Frau hantierte an der Spüle, sie hob nicht einmal den Kopf, als er hereinkam, und als er ihr guten Morgen wünschte, blieb sie stumm. Er vermutete, daß sie vielleicht schwerhörig wäre, und versuchte es noch einmal, diesmal ein wenig lauter. »Guten Morgen. Ich weiß leider Ihren Namen nicht, nur Ihren Vornamen. Darf ich Sie Emma nennen? Ich heiße Henze, Werner Henze.«
Sie sah auf, wandte ihm sekundenlang ihr Gesicht zu, ein Gesicht, wie aus rissigem Holz geschnitzt, mit einem Haarnetz aus unzähligen Fältchen überzogen. In ihren Augen las er weder Freundlichkeit noch Ablehnung, nur kalte Gleichgültigkeit.
»Wollen Sie Frühstück?« fragte sie. Er hatte Mühe, ihren harten Dialekt zu verstehen, zumal sie ihn nicht mehr ansah, während sie mit ihm sprach. »Was denn? Wieder Eier?«

Ihre grobe Art belustigte ihn, er mußte an Rüdigers Bemerkung denken, daß er schon noch merken werde, was das für Holzköpfe wären hier im Dorf. »Was nehmen denn die anderen zum Frühstück?« fragte er.
Sie wandte ihm weiter den Rücken zu, er sah, daß sie die Achseln zuckte. »Ich weiß nicht. Die schlafen noch. Wenn sie wach sind, werden sie's mir sagen.«
»Dann wäre ich dankbar, wenn Sie mir noch einmal Eier machten. Rühreier, aber ohne Schinken, bitte. Und Brot und Butter und Kaffee.«
»Kaffee ist nicht mehr genug da, nur noch für die drei. Sie können Milch haben.«
»Dann bitte Milch. Ich gehe rüber ins Wohnzimmer. Soll ich schon was mitnehmen?«
Sie gab keine Antwort, nahm eine Pfanne aus dem Unterschrank, stellte den Herd an, ließ ein Stück Butter zerschmelzen. Sie stellte einen Krug mit Milch auf den Küchentisch, ein Glas daneben, offenbar für ihn gedacht, aber sie sagte nichts, und sie sah ihn nicht an.
Es hatte keinen Zweck, an der Mauer zu kratzen, hinter der sie sich versteckte. Oder sich schützte? fiel ihm ein. Er nahm den Milchkrug und das Glas, ging durch die Verbindungstür zur Eßecke, und als er sich an den Tisch setzen wollte, sah er, daß unten auf der Couch – vor dem Kamin, in dem das Feuer erloschen war – der Große lag, Artur. Er schlief, die Beine angewinkelt, der Mund stand offen, eine Spur Speichel lief ihm bis aufs Kinn.
Henze trug den Krug und das Glas in die Küche zurück, setzte sich an den Küchentisch, legte den Parka auf dem freien Stuhl an der Stirnseite ab. »Ich werde lieber hier frühstücken«, sagte er. »Das stört Sie doch hoffentlich nicht? Sagen Sie, daß Artur unten im Wohnzimmer schläft... ist das, weil ich jetzt sein Zimmer habe?« *Wir,* hatte er sagen wollen, aber es war ihm irgendwie peinlich, Geli auch nur indirekt vor der alten Frau zu erwähnen.
»Er schläft immer unten«, antwortete sie und kippte die gequirlten Eier in die zerlassene Butter.
Oben hatte er drei Zimmertüren gezählt. Offenbar hatten Rüdiger und Karli jeder ihr eigenes Zimmer. Eine merkwürdige Einteilung. Warum ließen sie Artur unten auf der Couch schlafen?

»Sind Sie schon lange im Hause angestellt?« fragte er.
Emma Jaschob zog die Pfanne vom Herd, schwenkte sie so ruckartig herum, daß Henze unwillkürlich zurückwich, schabte das Rührei auf einen Teller, schob ihn Henze hin, stellte die Butter und ein Brett mit geschnittenem Brot auf seinen Platz.
»Fragen Sie mich nichts. Fragen Sie die drei«, sagte sie.
»Danke.« Und auf einmal glaubte er zu wissen, warum sie so unfreundlich war. »Es tut mir leid, daß Sie heute nacht wegen mir zusätzliche Arbeit hatten. Es war ein Notfall. Mein Auto ist im Schnee steckengeblieben.« Und weil er sich erinnerte, was Rüdiger und Karli gesagt hatten, konnte er es ihr sogar beschreiben, freilich noch, ohne selbst zu verstehen, was er sagte: »Oben auf der alten Straße.«
Er hätte sich die Mühe sparen können, sie schien gar nicht hinzuhören, die Mauer war unüberwindlich hoch. Er strich Butter auf zwei Scheiben Brot, aß sie zum Rührei, trank in kleinen Schlucken die kalte Milch. Er hatte es eilig, aus der Küche herauszukommen, er wollte weg von der alten Frau, die ihn so deutlich spüren ließ, daß seine Gegenwart ihr lästig war.
Als er fertig war, griff er nach dem Parka. »Können Sie mir die Haustür öffnen? Ich meine, haben Sie einen Schlüssel zum Vorhängeschloß?«
Sie wischte sich die Hände an der Schürze ab. »Kommen Sie mit«, sagte sie, ohne ihn anzusehen, und ging voraus. Sie führte ihn ein paar Stufen hinunter, offenbar auf der Treppe, die zum Keller führte. Beim Absatz auf halber Höhe blieb sie vor einer Seitentür stehen, schloß auf und wartete, die linke Hand am Schlüssel, an der offenen Tür.
Ein Seitenausgang, hier war der Schnee nicht geräumt, aber es gab eine Fußspur, vielleicht Emmas Spur.
Henze zögerte, er hatte zwar seine Stiefel angezogen, aber der Schnee war tief, es kostete ihn Überwindung, den ersten Schritt zu tun. Ich glaube, ich werde nie wieder unbeschwert durch den Schnee stapfen können, dachte er, nicht mehr nach dieser Nacht, sogar ein Winterwald im Sonnenschein wird nicht mehr viel Zauber auf mich ausüben. Er gab sich einen Ruck, trat ins Freie, atmete tief die klare, kalte Luft ein. Aber ehe die alte Frau hinter ihm die Tür schließen konnte, drehte er sich blitzschnell um und schob den Fuß dazwischen.
»Sie wollen nicht mit mir reden, das habe ich inzwischen begriffen. Gut, ich werde Sie in Ruhe lassen. Wenn ich zurück-

komme, klopfe ich hier an die Tür. Aber eins noch: Warum sind Sie so abweisend zu mir? Was habe ich Ihnen getan?«
Sie reckte den Kopf vor, ihr zerfurchtes Gesicht tauchte im Türspalt auf. Diesmal sah sie ihn lange an. Ihre Augen kamen Henze nicht mehr ausdruckslos vor, es war fast, als hätte sie einen Schleier weggezogen. Was er erkennen konnte, schien unverhohlene Verachtung zu sein.
Und als sie endlich die Lippen öffnete, hörte er sie sagen: »Wohl dem, der nicht wandelt im Rat der Gottlosen noch tritt auf den Weg der Sünder noch sitzt, wo die Spötter sitzen.«
Er zog den Fuß zurück, die Tür wurde geschlossen. Er blieb einen Augenblick verblüfft stehen, bevor er sich umwandte und durch den Schnee ums Haus ging, nach vorn, wo der Weg freigeschaufelt war, der zu den anderen Häusern führte.

8

Das Dorf lag still im Schnee, sieben Häuser rechts der Straße, acht links davon, das am Ostrand des Dorfes, in dem Henze die Nacht verbracht hatte, schon mitgerechnet. Die anderen Häuser waren aus Bruchsteinen gemauert, es gab ein paar Fachwerkfassaden, nie über die ganze Breite des Hauses, nur hier und da ins Obergeschoß hineingeflickt; jemand aus einer späteren Generation hatte wohl etwas Neues versuchen wollen und das Ergebnis dann doch untauglich gefunden. Die einflügelig-schmalen Fenster waren spärlich gesetzt, das gab den Häusern ein abweisendes Aussehen: was draußen vorging, wollte man nicht wissen, was drin geschah, ging die anderen nichts an. Und die Klappläden aus grob gefügten Brettern verstärkten den Eindruck noch, von innen konnte man sie zuziehen, ein Handgriff genügte; es war leicht, sich blind und taub zu stellen gegen alles, was die Bauern nicht sehen und nicht hören wollten.
Die Stille war unnatürlich, kein Kinderlachen, kein Hundegebell, sogar das Vieh, wenn es noch welches gab, hielt den Atem an. So schien das Dorf erstarrt zu sein im Schnee und in der Kälte. Oder war es gelähmt durch eine dunkle Drohung? Ein totes Dorf, hätte Henze gedacht, wenn nicht die grauweißen Kräuselwölkchen gewesen wären, die aus den Schornsteinen auf den steil gesetzten Dächern stiegen.

Das Haus, aus dem Henze kam, war ganz anders: rauh verputzt, in gebrochenem Weiß, mit einem Erker zur Straßenseite hin, offenbar nachträglich angebaut, und mit einem schützenden Vordach über der moosgrün gestrichenen Haustür. Ein schönes Haus, nicht das größte im Dorf, aber das auffallendste; nur die Haustür, die einen Spalt weit offen gähnte, störte das Bild. Das Haus sah verwundet aus.
Die Straße konnte er nur ahnen, sie war zugedeckt vom Schnee. Der Wind hatte die Schneedecke glattgestrichen. Nur da, wo der Weg freigeschaufelt war, zog sich eine Naht aus klumpenden Schneehäufchen entlang. Ob es Gehwege gab, ob es eine Straße mit Kopfsteinpflaster war oder mit einer Asphaltdecke, vielleicht nur mit grobem Schotter, das alles verbarg der Schnee.
Er stand auf einer Straße, die er sich nicht vorstellen konnte, in einem Dorf, das – bis auf den Rauch, der sich über den Dächern wölkte – kein Zeichen von Leben verriet, er fühlte sich sehr fremd, und er begann zu ahnen, wie schwierig es würde, hier Antworten auf die vielen Fragen zu erhalten, die ihm durch den Kopf gegangen waren.
Er folgte dem Trampelpfad, der Spur, die die Schaufeln in den Schnee gegraben hatten. Sie wurde immer schmaler, je weiter er sich von dem Haus entfernte, in dem die drei jungen Männer und die alte Frau wohnten – und nun auch Geli und er. Im ersten Haus auf der rechten Seite glaubte er sekundenlang ein Gesicht hinter einer Fensterscheibe zu erkennen, aber er war nicht sicher, ob er sich das vielleicht nur eingebildet hatte. Das Haus daneben schien unbewohnt zu sein, die Klappläden hingen schief in den Angeln, über einem Fenstersturz im Obergeschoß war ein Stück aus dem Fachwerk herausgebrochen, und das untrüglichste Zeichen war, daß aus dem Schornstein kein Rauch stieg. Zwischen dem zweiten Haus auf der rechten Seite und dem dritten klaffte eine Lücke, eine mächtige alte Buche stand dort, vielleicht in einer kleinen Grünanlage, wer weiß; das gehörte zu den Geheimnissen, die das Dorf ihm erst preisgegeben hätte, wenn der Schnee weggetaut war, und so lange blieb er nicht, bestimmt nicht.
Er erinnerte sich an das Dorf, in dem seine Großeltern gelebt hatten, als Kind war er manchmal dort gewesen, immer nur im Sommer. Auch dort hatte so eine Buche gestanden, mitten im Dorf. Jemand hatte eine Tafel an den Stamm genagelt, ›Hexen-

buche‹ stand auf der Tafel, und Henze hatte als Kind auf der Bank unter der Buche von schaurig-schönen Hexengeschichten geträumt. Dabei war die Tafel nur für die Fremden angebracht, von denen sich freilich damals kaum einer ins Dorf seiner Großeltern verirrte.

Und Henze erinnerte sich noch, wie enttäuscht er gewesen war, als sein Großvater ihm sagte, daß es gar keine Geschichten von der Buche und von Hexen und Zauberei gäbe, daß der Bürgermeister den Namen für die Fremden erfunden hätte und daß die Leute im Dorf den bizarr gewachsenen Baum mit den gekräuselten Ästen und Zweigen nur ›die Krusebuch‹ nannten.

Er hatte es gut gemeint, der Großvater, und dabei nicht bedacht, was er anrichtete: mit ein paar Sätzen löschte er den ganzen Zauber aus, zog das Tuch weg, unter dem bis dahin tausend Geheimnisse verborgen schienen, nahm einem Kind die Ängste, aber auch die Träume. Es gab keinen Hexenspuk mehr bei der alten Buche, es gab die dunklen Drohungen nicht, die mit den erträumten Geschichten verbunden waren, übrig blieb nur ein mächtiger, seltsam geformter Baum – zu wenig, als daß Henze je wieder in seinem Schatten gesessen und dem Wispern der Zweige gelauscht und aus dem Raunen Märchen herausgehört hätte.

Vielleicht war es in diesem Dorf ganz ähnlich? Vielleicht gab es auch hier kein Geheimnis, keine Drohung, keinen Grund für all die Fragen, die er stellen wollte?

Nicht weit von der Buche stand die Telefonzelle, gelb mit einer weißen Haube, die Scheiben schneebestäubt. Henze brauchte nur ein paar Schritte zu gehen; ehe er die Tür erreichte, sah er schon, daß die aluminiumfarbene Metallschlange, die das Kabel schützte, zerschnitten war, der Hörer lag auf dem Boden.

Noch eine Frage.

Er ging weiter den Pfad hinunter, auf das andere Ende des Dorfes zu, und wieder kam es ihm unterwegs so vor, als hätte er hinter einem der schmalen Fenster eine Bewegung wahrgenommen. Diesmal schien ihm ein Irrtum ausgeschlossen, ein paar Atemzüge lang hatte er die Gestalt und das Gesicht deutlich gesehen. Es war eine Frau gewesen, eine junge Frau, ein Mädchen.

Er bog in die festgetrampelte Spur ein, die zum Haus führte; es war das vierte Haus – vom oberen Ende des Dorfes gerechnet, von da, wo er herkam – auf der linken Seite. Das Hoftor war

geschlossen, aber nicht verriegelt, die Klinke an der Seitentür gab nach. Der Hof war ein kleines Quadrat, rechts ein Schuppen oder ein Stallgebäude, geradeaus eine heruntergekommene Scheune, im Lattengerüst klafften Löcher, das Dach war halb eingesunken, links – ein Stück zurückgesetzt, wahrscheinlich hinter einem Vorgarten, der jetzt unter dem Schnee begraben lag – das Wohnhaus. Er ging auf die Tür zu, eine Klingel fand er nicht, er pochte mit den Knöcheln der rechten Hand ans Holz.
Er mußte lange warten, bis er schlurfende Schritte hinter der Tür hörte. Ein Schlüssel wurde im Schloß gedreht, ein Riegel knirschte, die Tür blieb noch geschlossen, und eine Männerstimme fragte: »Wer ist da?«
Zu spät fiel ihm ein, daß er sich nicht einmal in Gedanken vorbereitet hatte, er hätte sich vorher überlegen müssen, wie er das Gespräch beginnen wollte. Alles, was er jetzt an Worten aneinanderreihte, kam ihm selber unbeholfen vor.
»Ich bin ein Fremder, Sie kennen mich nicht. Henze ist mein Name. Ich bin heute nacht erst angekommen, weil mein Auto im Schnee steckengeblieben ist, oben an der alten Straße.« Das mit der alten Straße ging ihm jetzt schon glatt über die Lippen, dabei wußte er immer noch nichts mit dem Ausdruck anzufangen.
Nach einer Weile, die sich endlos zu dehnen schien, fragte der Mann hinter der Tür: »Was wollen Sie?«
»Ich will mit Ihnen reden«, sagte Henze. Und aus einer plötzlichen Ahnung heraus, unbewußt vielleicht auch in der Erinnerung an den Psalm, den die alte Frau zitiert hatte, fügte er hinzu: »Ich gehöre nicht zu den jungen Leuten, die in dem weißen Haus wohnen. Ich bin nur zufällig dort angekommen. Es war das einzige Haus, in dem noch Licht brannte.«
Der andere, der hinter der Tür, ließ ihm Zeit, über das nachzudenken, was er eben gesagt hatte. Und auf einmal kam es ihm töricht vor: langatmig, fast wie eine Entschuldigung. Und er dachte auch, es wäre beinahe ein Verrat an den jungen Männern, die ihn aufgenommen, die ihm und Geli geholfen hatten und von denen er nichts Böses wußte außer ein paar Worten, die er wahrscheinlich mißverstanden hatte.
Die Tür wurde geöffnet, ein alter Mann stand im dunklen Flur, blinde Augen sahen durch Henze hindurch... Nein, verbesserte er sich sofort, nicht hindurch, sie sahen tief in ihn hinein, er spürte das ganz deutlich.

Der alte Mann machte eine Handbewegung, es war keine Einladung näherzutreten, eher ein hastiger Wink. Er will mich nicht im Haus haben, begriff Henze, aber noch weniger will er, daß wir zusammen an der Tür gesehen werden. Er trat ein, der Alte drückte hinter ihm die Tür ins Schloß, drehte den Schlüssel und schob den Riegel vor. Dann wies er den Flur entlang, stumm, und seine blinden Augen ließen Henze nicht los.
Die Tür am Ende des düsteren Ganges führte in eine geräumige Küche, im Herd brannte ein Feuer, es war anheimelnd warm. Ein Tisch mit sechs Stühlen, ein großer Küchenschrank und ein zweiter Schrank aus dunklem Holz, ein paar Wandborde mit bauchigen Krügen, Einweckgläsern und allerlei Krimskrams, der Kochherd und daneben eine kleine Spüle, aus dem Hahn tropfte Wasser... Dann fiel Henzes Blick auf das schmale Fenster, auf die Gestalt, die davor stand, mit dem Rücken zu ihm. Das Mädchen, er hatte sich also nicht geirrt. Es sah immer noch hinaus – oder wieder, und er dachte: Das Mädchen will sich wahrscheinlich davon überzeugen, ob wirklich niemand gesehen hat, daß ich ins Haus gekommen bin.
»Guten Tag«, sagte er. »Ich heiße Henze. Ich bin heute nacht ins Dorf gekommen.«
»Ich weiß«, sagte das Mädchen. »Sie und die junge Frau.« Und nach ein paar Sekunden, wie nach einem kurzen Nachdenken, ob es gut wäre, so viel zu verraten: »Ich heiße Kathrin. Das ist mein Großvater.« Sie deutete mit dem Kopf auf den alten Mann, der am Tisch Platz genommen hatte. »Georg Lanzerath. Er ist blind.«
Henze nickte. Er hatte keine Mühe, das Mädchen zu verstehen; Kathrin sprach nicht den harten Dialekt wie die alte Frau oben im Haus, in der Küche, und wie ihr Großvater; nur ein kehliger Klang ließ noch ahnen, daß sie hier aufgewachsen war. Aber was ihm viel wichtiger erschien: es war das erste Mal, daß jemand seinen Namen genannt und – wenigstens mit ein paar Worten – von sich erzählt hatte, ungefragt sogar.
Georg Lanzerath zog den Stuhl rechts von seinem Platz ein Stück zurück, Henze verstand, daß er sich setzen sollte.
Noch ein gutes Zeichen. Er war nicht an der Tür abgewiesen worden, Kathrin hatte ein paar Worte mit ihm gesprochen, und jetzt durfte er sich an den Tisch setzen. Diesmal würde er seine Fragen stellen können und Antworten darauf bekommen. Gleich würde er erfahren, daß es auch hier keine Geschichten

von Hexenwerk und Zauberei gab und daß die alte Buche Krusebuch hieß, auch wenn es ihm heute nacht, als er das Gespräch der jungen Männer mit angehört hatte, so vorgekommen war, als gäbe es in diesem Dorf irgend etwas wie einen dunklen Fluch.
»Was wollen Sie?« wiederholte Georg Lanzerath die Frage, die er vorhin schon hinter der Tür gestellt hatte.
Henze sah in die blinden Augen. »Wie ich schon gesagt habe, ich will mit jemandem reden. Ich habe den Eindruck, daß irgend etwas hier im Dorf nicht stimmt. Wer sind die drei jungen Männer, die in dem weißen Haus wohnen?«
Der Alte senkte den Blick, als hätte er Henze lange genug angesehen. »Wir kennen sie nicht. Es sind Fremde.«
Und Kathrin, die noch immer am Fenster stand, jetzt zu ihnen gewandt, fügte hinzu: »Es sind nicht die Düsseldorfer, denen das Haus gehört.«
Henze spürte, daß er vorsichtig sein mußte, wenn er sie nicht zurücktreiben wollte in ihre Schweigsamkeit, daß er nichts unbedacht sagen und keine falsche Frage stellen durfte.
»Das habe ich mir gedacht. Die Haustür ist aufgebrochen.«
Georg Lanzerath sagte nichts dazu, auch Kathrin schwieg. Henze überlegte, wo er das Gespräch neu anknüpfen könnte.
»Wer ist die alte Frau?«
Kathrin kam ein paar Schritte näher, bis zum Herd. »Emma Jaschob, meinen Sie? Sie wohnt nicht dort. Die jungen Männer haben sie ins Haus geholt.«
Er hatte den Eindruck, daß das Mädchen noch mehr sagen wollte, aber der alte Mann drehte schnell den Kopf zu ihr hin, es war wie eine Warnung, und Kathrin gehorchte. Henze mußte noch einmal von vorn anfangen.
»Wenn das Haus nicht den jungen Männern gehört... wenn sie es vielleicht sogar waren, die die Haustür aufgebrochen haben, warum... warum nehmen das alle im Dorf einfach hin?«
»Es ist nicht unser Haus«, sagte Georg Lanzerath. »Wir haben nichts damit zu tun.«
»Trotzdem, jemand müßte hingehen und ihnen sagen, daß sie nicht in ein fremdes Haus einbrechen dürfen. Jemand müßte ihnen sagen, daß sie wegfahren sollen.«
Georg Lanzerath faltete die Hände über der Tischplatte. »Sie können nicht wegfahren, die Straße ist zugeschneit. Sie müssen warten, bis es taut.«

Henze merkte, daß er keinen Schritt weiterkam, solange er den Fragen auswich, die er eigentlich stellen wollte. »Wie lange sind die jungen Männer schon da?«

»Am Dienstag sind sie gekommen, als es zu schneien anfing«, antwortete Kathrin. Sie wandte ihnen wieder den Rücken zu und machte sich an einem der Wandregale zu schaffen. Ein Dutzend Äpfel lag dort, sie drehte sie einen nach dem anderen herum, legte sie auf die Blüte.

»Und Sie sagen, die drei bleiben, bis es taut?« fragte Henze. »Das kann lange dauern. Vielleicht kriegen wir noch einmal Schnee?«

Georg Lanzerath schüttelte den Kopf. »Zu kalt für Schnee. Heute kommt schon die Sonne heraus. In zwei oder drei Tagen können die drei wegfahren.«

Henze hätte gern gefragt: Woher wissen Sie eigentlich, daß sie wegfahren werden? Aber ein unerklärliches Gefühl warnte ihn davor, die Frage zu stellen. Er mußte sich vorsichtiger herantasten.

»Am Dienstag sind die drei gekommen, sagen Sie?« Er schaute zu Kathrin hinüber, sie drehte sich nicht zu ihm um. »Dann ist heute der fünfte Tag. Wovon leben die drei? So viele Vorräte wird es doch im Haus... Wie haben Sie gesagt?... im Haus der Düsseldorfer nicht gegeben haben.«

Kathrin sagte über die Schulter zurück: »Das wissen wir nicht. Fragen Sie die drei.«

»Wir haben genug zu essen im Dorf«, sagte Georg Lanzerath. »Wir geben ihnen, was sie brauchen.«

Henze spürte, daß er dicht vor dem entscheidenden Punkt war. Und in der aufgeregten Erwartung, daß er nun gleich erfahren werde, ob seine Ahnung zutraf, rutschte ihm die nächste Frage eine Spur zu scharf heraus? »Sie geben es ihnen, wirklich? Oder nehmen sich die drei, was sie brauchen?«

Ihm war sofort bewußt, daß das Schweigen diesmal von anderer Art war. Georg Lanzerath und Kathrin überlegten nicht, was sie ihm antworten sollten, sie hatten beschlossen, ihm keine Antwort zu geben. Er hätte nicht erklären können, wieso er so sicher war, aber er wußte es. Und er wußte, daß ihm keine Chance blieb, seinen Fehler zu korrigieren.

Trotzdem redete er auf die beiden ein; vielleicht tat er es gerade, weil er wußte, daß es jetzt auf einen zweiten Fehler auch nicht mehr ankam. Die Mauer zwischen ihnen war schon zu hoch,

eine Mauer wie die, die er vorhin gespürt hatte – bei seinem Versuch, mit Emma Jaschob ins Gespräch zu kommen, unsichtbar und dennoch unüberwindlich.
»Hören Sie, es gibt ein paar Dinge, über die ich mich wundere: die aufgebrochene Haustür, Emma Jaschob, die nicht mit mir reden will, das zerstörte Telefon... Und heute nacht gab es ein Gespräch, bei dem ich zufällig Ohrenzeuge geworden bin. Der Blonde, der mit dem Backenbart, hat den Schwarzhaarigen gewarnt. Ich könnte merken, was hier im Dorf los ist, hat er gesagt...«
»Wir wollen nicht wissen, was die drei geredet haben«, fiel ihm Georg Lanzerath ins Wort. »Behalten Sie's für sich. Oder noch besser – vergessen Sie's wieder.«
Henze schüttelte eigensinnig den Kopf. »Nein, ich werde es nicht vergessen. Ich werde herumgehen und so lange Fragen stellen, bis ich weiß, ob meine Vermutung richtig ist. Da war nämlich noch etwas. Der Schwarzhaarige hat gesagt, sein Bruder – das ist der Große, der wüßte schon, wie er jemanden zur Raison bringen könnte. Sie haben auch einen Namen genannt, Kahlen oder so ähnlich.«
Georg Lanzerath nickte. »Paul Kahlen, er ist unser Nachbar.« Und er nickte zum zweiten Mal, die blicklosen Augen auf Werner Henze gerichtet, als ob er ihm für die Warnung danken wollte.
»Ich will mir nichts einreden«, fuhr Henze fort, »aber das hat sich wie eine Drohung angehört. Und wenn meine Vermutung stimmt, daß die jungen Männer hier Gewalt ausüben und das Dorf tyrannisieren, dann sagen Sie es mir um Gottes willen, ich werde Ihnen helfen. Ich habe die Häuser gezählt, es muß doch mindestens ein Dutzend Männer im Dorf geben, gemeinsam können wir uns wehren.«
Er hatte sich in Eifer geredet, sich aufgeregt vorgebeugt, heftig gestikulierend. Jetzt zuckte er zusammen, als das Mädchen herumfuhr und spöttisch auflachte.
»Sie können ja den Anfang machen«, sagte Kathrin zu ihm. »Haben Sie nicht vorhin vorgeschlagen, es müßte nur einer hingehen und die drei wegjagen?«
Henze antwortete nicht, obwohl ihm viele Antworten eingefallen wären. Ausgerechnet er konnte die jungen Männer nicht gut zur Rede stellen, er schuldete ihnen Dankbarkeit für das, was sie heute nacht für Geli und ihn getan hatten. Und er war selber

ein Fremder, er hätte am wenigsten Grund gehabt, sich einzumischen. Das alles hätte er ihr antworten können.

Den anderen Grund... daß er Angst hatte vor dem Großen mit den flackernden Augen, vor dem, von dem Geli gesagt hatte, daß er so unheimlich stark wäre... den hätte er Kathrin verschwiegen.

»Laß das«, sagte Georg Lanzerath streng zu dem Mädchen, »du sollst nicht über jemanden spotten, der uns helfen will.« Er wandte den Kopf, und wieder hatte Henze den Eindruck, daß die blinden Augen tief in ihn hineinblickten. »Wir sind nur fünf Männer im Dorf, ohne Sie. Ich bin vierundachtzig, Josef Küppers ist der jüngste, er ist gerade achtundsechzig geworden. Ich rate Ihnen, vergessen Sie alles. Es dauert nicht mehr lange, bis der Schnee taut. Dann können Sie von hier weggehen. Mischen Sie sich nicht ein.«

Kathrin kam zum Tisch, blieb vor Henze stehen, sah ihn an; ihre Augen verrieten nichts von dem, was sie dachte. »Kommen Sie, ich bringe Sie zur Tür«, sagte sie. Es klang endgültig, es war nicht schwer zu verstehen, daß sie keine Fragen mehr hören und keine Antworten geben wollten.

Henze stand auf, beinahe hätte er dem blinden alten Mann die Hand hingestreckt. »Danke«, sagte er, »Sie haben zwar meinen Fragen ausweichen wollen, aber Sie haben sie trotzdem beantwortet. In drei Tagen, sagen Sie, in drei Tagen ist der Schnee getaut? Gut, ich habe Zeit. Wenn Sie es so lange ertragen... ich kann es erst recht. Mir können die drei nichts wegnehmen, ich habe nichts.«

Er schämte sich, weil ihm bewußt wurde, daß es sinnlos war, was er sagte. Es war nur ein trotziges Aufbegehren, rechthaberische Selbstgefälligkeit, die Vorbereitung für einen guten Abgang.

Kathrin ging vor ihm her, den düsteren Gang entlang bis zur Haustür. Sie drehte den Schlüssel im Schloß, schob den Riegel zurück, zog die Tür auf.

Und als Henze hinausging, fiel ihm die letzte Frage ein. »Der Paul Kahlen, über den wir gesprochen haben... Hat er eine Katze?«

Das Mädchen nickte. »Einen grauen Kater.« Sie schloß hinter Henze die Tür, er hörte den Schlüssel und den Riegel, und er hörte, wie sie durch den Flur zurückging in die Küche.

Er ließ den Hof hinter sich, stand wieder auf der Straße, auf dem Trampelpfad. Noch vier Häuser waren es auf der linken Seite bis zum Westende des Dorfes, fünf auf der gegenüberliegenden Seite. Aber er sah ein, daß es keinen Zweck hatte, anderswo zu klopfen und dieselben Fragen noch einmal zu stellen. Er vergrub die Hände in den Seitentaschen des Parka und ging zu dem Haus zurück, in dem Geli auf ihn wartete. Er ging nach vorn gestemmt, als müßte er gegen den Wind ankämpfen. Aber es wehte kein Wind, das Dorf lag still im Schnee. Und erst, als er schon an der Buche vorbei war, fiel ihm auf, daß der Schnee zu funkeln begonnen hatte: der Himmel war nicht mehr blau mit zerrissenen Wolkenfetzen, er strahlte in gleißendem Weiß, eine kalte, klare Wintersonne stand über dem Dorf.

Geli wird inzwischen aufgewacht sein, dachte er. Wahrscheinlich vermißt sie mich, es ist ja alles fremd für sie. Und mit der mürrischen alten Frau in der Küche, mit Emma Jaschob, wird sie ihre Schwierigkeiten haben. Sie braucht mich, es ist schön, daß es jemanden gibt, der mich braucht, wenn schon die anderen, die im Dorf, meine Hilfe nicht wollen.

Und er dachte auch, daß der blinde alte Mann recht gehabt hatte. Es war besser, sich gar nicht erst einzumischen. Was immer hier vorging, ihn mußte das im Grunde nicht berühren. Er blieb, bis die Straße wieder frei war, und dann ging er und vergaß das Dorf. Er hatte nichts, was sie ihm wegnehmen konnten.

Aber als er schon ums Haus herumgegangen war, vor der Seitentür stand und gerade klopfen wollte, fiel ihm ein, daß ja Geli bei ihm war.

9

Im Kamin brannte das Feuer, Buchenscheite, die störrisch knisterten und Hitzewellen in den Wohnraum schickten; hier oben in der Eßecke war es schon angenehm warm. Emma Jaschob mußte sich darum gekümmert haben, denn aus dem Dorf konnte keiner zum Haus gekommen sein, das hätte Henze bemerkt. Jetzt wartete sie draußen in der Küche, bis sie das Essen auftragen konnte; Geli und der Blonde, den sie Karli nannten, waren noch nicht da.

Henze hörte die beiden gleich danach auf der Treppe, zuerst war es nur ein unterdrücktes Lachen, was er hörte, Gelis La-

chen, gurrend und verspielt, und dann ihre Stimme, auffallend leise und eindringlich, aber nicht sehr streng: »Pfoten weg, hab ich dir gesagt!«
Rüdiger streifte Henze mit einem flüchtigen Blick, bevor er sich zu Artur umwandte. Der Hüne hatte seinen Bruder am Arm gepackt, zauste und zerrte daran wie ein quengelndes Kind.
Rüdiger tätschelte ihm die Hand. »Es ist ja noch nicht so weit. Denk jetzt nicht mehr daran, Artur.«
Geli und der Blonde kamen herein; sie pustete sich eine kleine Locke aus der Stirn, er rief, noch ehe er die Tür zugezogen hatte, in die offene Küche hinein: »Los, Alte, bring das Essen.«
Henze stand wie erstarrt, Rüdiger runzelte die Stirn, Artur hatte angefangen, sein einfältig-fröhliches Lachen zu kollern, aber sogar er schien den Eishauch zu spüren, der auf einmal zwischen ihnen hing, er verstummte und sah seinen Bruder an.
»Nimm dich zusammen, Karli«, sagte der Schwarzhaarige, und dann, während die alte Frau ihnen Suppe auf die Teller füllte, Linsensuppe mit fettem Speck, wechselte er rasch das Thema. »Sie sind heute vormittag im Dorf gewesen, Herr Henze? Ich hab Sie vom Fenster aus zurückkommen sehen.«
»Er muß schon ganz früh gegangen sein«, warf Geli ein. »Warum hast du mich nicht geweckt, Werner? Ich wäre auch gern mitgegangen.«
Henze lächelte sie an. »Als ich kurz nach zehn aufgestanden bin, hast du noch geschlafen wie ein kleines Murmeltier. Ich hab's nicht fertiggebracht, dich aufzuwecken. Und so viel gibt es im Dorf gar nicht zu sehen, daß es sich gelohnt hätte.«
»Das ist wahr«, sagte Rüdiger. »Es ist ein so verschlafenes Nest, daß ich mich wundere, was Sie so lange dort getrieben haben.«
Henze versteifte die Schultern. »Ich wußte gar nicht, daß hier kontrolliert wird, wie lange jemand unterwegs ist.«
»Aber ich bitte Sie!« Rüdigers sanfte braune Augen schienen um Entschuldigung zu bitten. »Ich habe doch nur gesagt, daß ich mich gewundert habe. Ich meine, ich kann mir kaum vorstellen, daß Sie große Lust hatten, schon wieder durch knietiefen Schnee zu stapfen. Und für den Weg, den die Männer aus dem Dorf freigeschaufelt haben, braucht man hin und zurück zehn Minuten.« Sein Lächeln wurde eine Spur kälter. »Aber wenn Sie, sagen wir mal, gegen elf das Haus verlassen haben, dann waren Sie fast eine Stunde unterwegs.«

Henze wich dem Blick nicht aus. Das geht dich gar nichts an, du grüner Junge, dachte er. Und das wollen wir mal von vornherein feststellen, daß du deine Nase nicht in meine Angelegenheiten zu stecken hast.
»Ich habe einen kleinen Besuch gemacht.« Es freute ihn, als er glaubte, in Rüdigers Augen ein kurzes Erschrecken zu lesen. »Ich war in einem der Häuser, bei einem blinden alten Mann und seiner Enkelin. Wir haben uns eine Weile unterhalten.«
»Ach ja?« machte der Schwarzhaarige. »Ich dachte gar nicht, daß man sich mit den Leuten im Dorf unterhalten kann. Mir sind sie sehr verschlossen und schweigsam vorgekommen. Was erzählen die Leute denn so, wenn man mit ihnen ins Gespräch kommt?«
Ich weiß schon, warum du das wissen möchtest, dachte Henze. Viel dringender wissen möchtest, als deine harmlose Art zu fragen vermuten läßt.
»Viel zu erzählen haben sie nicht«, antwortete er ausweichend. »Sie freuen sich auf die Zeit nach dem Schnee. Ich glaube, dann muß es sehr schön sein hier im Dorf, sehr ruhig und friedlich.«
»Kann sein«, sagte Rüdiger, »ich bin zum ersten Mal hier, ich habe keine Ahnung, wie es im Dorf zugeht, wenn nicht alles zugeschneit ist.«
Karli grinste. »Dann lassen sie die Sau raus.«
Gelis Lachen fiel ein wenig schrill aus, und Henze dachte: Als ob das Silberglöckchen einen Sprung bekommen hätte. »Also, mir ist es zu ruhig hier«, sagte sie. »Sobald die Straßen frei sind, bleibe ich keine Minute länger.«
Rüdiger nickte ihr zu. »Wir haben auch nicht vor, hier Wurzeln zu schlagen. Spätestens am Montag müßte es möglich sein, nach Rodersfelden durchzukommen, jedenfalls mit unserem Landrover.« Das zweite Nicken galt Henze. »Karli hat Ihnen, glaube ich, schon angeboten, daß wir Sie mitnehmen und auch Ihren Wagen rausziehen.« Und nach einem Löffel Suppe: »Und sonst? Ich meine, was erzählen die Leute sonst?«
»Wenig«, antwortete Henze, und auf einmal hatte er es eilig, dem Gespräch eine andere Richtung zu geben. »Was ich ganz interessant fand: sie wußten schon, daß wir heute nacht gekommen sind. Anscheinend spricht sich hier alles in Windeseile herum.«
Rüdiger hob die Schultern. »In Afrika haben sie die Busch-

trommeln, und hier...«, er deutete mit dem Kopf zur Küche hinüber, »hier haben sie die Emma Jaschob.«
»Ich find's nicht gut, daß die Alte kommt und geht, wie sie will«, warf Karli ein. »Du solltest ihr das nicht erlauben.«
»Laß gut sein, Karli. Ich kann ihr nicht verbieten, hin und wieder ins Dorf zu huschen. Manchmal schicken wir sie ja sogar, aber manchmal fällt ihr auch was ein, was sie anscheinend ungeheuer wichtig findet, das will sie dann gleich loswerden. Sie ist ja nie lange weg, sie kommt immer gleich wieder.« Er lächelte nachsichtig. Er lächelt gern, dachte Henze, wahrscheinlich weiß er, wie gut das zu seinem hübschen Knabengesicht paßt. »Wenn man alten Leuten den Kontakt nimmt, an den sie gewöhnt sind, werden sie wunderlich.« Und wieder dachte Henze: Er redet wie einer im Nadelstreifenanzug, wie einer von denen, die schon zur etablierten Generation gehören. Als ob er wer weiß wie alt wäre, dabei kann er doch höchstens Mitte Zwanzig sein. »Wenn die alte Jaschob noch wunderlicher würde als jetzt... du meine Güte. Sie hat's mit der Bibel, haben Sie das schon gemerkt, Herr Henze? Oder ist sie Ihnen noch nicht mit einem Bibelspruch gekommen?«
»Doch, heute morgen«, antwortete Henze. »Ich glaube, es war aus einem Psalm. Wer auf der Bank der Spötter sitzt – oder so ähnlich.« Und dann witterte er die Gelegenheit, eine seiner Fragen loszuwerden: »Der Spruch war natürlich viel länger, sie hat ihn hergesagt, als sie mich hinausgelassen hat, unten durch die Seitentür. Was ist übrigens mit der Haustür passiert?«
Täuschte er sich, oder suchte Karli wirklich sehr hastig Rüdigers Blick? Der Schwarzhaarige ließ sich jedenfalls durch Henzes überraschende Frage nicht verwirren.
»Ach, das mit der Haustür... ja, das hätte ich mir denken können, daß Sie danach fragen.« Er löffelte einen Augenblick schweigend. »Sie kocht gut, die alte Frau, finden Sie nicht? Auf die Dauer wäre mir die Hausmannskost ein bißchen zu eintönig. Aber die Leute im Dorf haben eben nichts anderes, und ich finde es sehr freundlich, daß sie für uns sorgen, obwohl wir doch Fremde sind. Natürlich werden wir alles angemessen bezahlen, ehe wir wegfahren, das versteht sich von selber. Doch, sie kocht gut. Vielleicht ein wenig zu fett, aber sehr schmackhaft.« Er aß ruhig weiter, Henze zählte: zwei Löffel, drei, er merkte, daß der Blonde den Schwarzhaarigen anstarrte – in einer Art spannungsvoller Erwartung, als ob er neugierig wäre,

wie Rüdiger die aufgebrochene Haustür erklären würde. Geli schien nichts zu bemerken, anscheinend schmeckte es ihr. Und auch der zottelige Hüne, der bei jedem Löffelvoll Suppe sabberte, war ahnungslos.

»Das Haus gehört einer Familie aus Düsseldorf«, sagte Rüdiger. »Klebusch heißen die Leute, gute Bekannte meiner Eltern. Wir wollten eigentlich nur eine Nacht hierbleiben und dann weiterfahren. Aber als wir ankamen, fing es zu schneien an, am nächsten Morgen waren die Straßen schon zu. Die Haustür... tja, Sie werden sich das vielleicht vorstellen können: wir hatten den Wagen schon in die Garage gestellt, und nun standen wir da mit unserem Gepäck und fingen an, den Schlüssel zu suchen. Karli konnte ihn nicht finden, ich hatte ihn auch nicht, und Artur... nun, das ist manchmal nicht so einfach mit meinem armen Bruder. Jedenfalls blieb uns nichts anderes übrig, wir mußten die Haustür aufbrechen. Sieht ein bißchen komisch aus, nicht wahr? Ich kann mir denken, daß die Leute im Dorf darüber reden. Mein Vater wird das natürlich mit den Klebuschs regeln, das ist kein Problem. Und vorläufig müssen wir uns eben mit dem Vorhängeschloß behelfen.« Er lächelte schon wieder. Oder immer noch?

Eine glatte Geschichte, dachte Henze, zu glatt heruntergelogen.

Natürlich war es gelogen, sonst hätte Karli nicht so gespannt darauf gewartet, was der Schwarzhaarige sich einfallen ließ. Daß die Leute aus Düsseldorf Klebusch hießen, konnte Rüdiger von der alten Frau in der Küche erfahren haben. Und alles andere war so ausgedacht, daß Henze keine Möglichkeit hatte, die Details nachzuprüfen.

Vorläufig nicht, dachte er. Er dachte es so grimmig, daß es ihn fast fröhlich machte. Denn am Schluß, Freundchen, dachte er, am Schluß, wenn du Geli und mich hier wegbringst, mußt du mir sozusagen deine Visitenkarte zeigen, ich brauche mir ja nur die Autonummer zu merken.

Und dabei fiel ihm der 280er ein. »Was ich Sie noch fragen wollte... Sie haben heute nacht gesagt, die Stelle, an der mein Wagen im Schnee steckt, das wäre oben an der alten Straße. Was meinen Sie damit: die alte Straße?«

Rüdiger hatte den Teller leergegessen, er schob ihn ein Stück zurück und strich das Tischtuch glatt. »Hier ist das Dorf.« Er legte die Hand flach auf das Tischtuch. »Von hier sind Sie ge-

kommen, den Hang herunter, durch das Waldstück. Und hier oben steckt Ihr Wagen fest.« Er markierte die Stelle mit dem Salzstreuer. Und dann fuhr er mit der linken Hand über das Tischtuch, kratzte mit dem Fingernagel eine geschwungene Linie ein. »Sie waren auf der Straße, die früher einmal ins Dorf geführt hat. Oder – umgekehrt – von hier nach Belgien, es gibt, glaube ich, nur noch ein Dorf, bevor man an die Grenze kommt. Bloß, die Straße ist jetzt gesperrt. Irgendwo ist eine Brücke eingestürzt. Man muß jetzt über Rodersfelden fahren, wenn man ins Dorf will.« Er schickte ein Lächeln hinterher, Henze hatte schon darauf gewartet. »Aber wer will schon in dieses Dorf?«
Henze starrte ihn ungläubig an. »Das kann nicht sein. Wir sind nicht aus Belgien gekommen.«
Der Schwarzhaarige nahm wieder den Fingernagel zu Hilfe. »Vermutlich sind Sie von hier gekommen und dann kurz vor dem Wald auf die Straße eingebogen, die ich Ihnen eben beschrieben habe. Die Leute im Dorf nennen sie nur ›die alte Straße‹, weil sie jetzt nutzlos ist.« Und es klang versonnen, als er hinzufügte: »Eine merkwürdige Einsicht, nicht wahr? Was alt ist, ist nutzlos. Erstaunlich, daß die Leute das selber so empfinden.«
Der Hüne schubste den Salzstreuer beiseite, nahm einen Löffel Suppe und kleckste ihn auf das Tischtuch. »Hier steht Ihr Auto«, sagte er und ließ ein paar Sekunden lang sein lallendes Lachen hören.
Henze schaute auf den Klecks Linsensuppe, seine Augen folgten der Linie, die Rüdigers Fingernagel ins Tischtuch geritzt hatte.
Wenn ich weitergegangen wäre, dachte er, auf die Kuppe zu, von der ich immer noch nicht weiß, ob ich sie mir nur eingebildet habe ... Ich wäre in jedem Fall hier im Dorf angekommen, unausweichlich. Ich habe gar keine Chance gehabt, etwas anderes zu finden als das Dorf.
Jetzt stand für ihn eindeutig fest, daß der Schwarzhaarige log. Er war bestimmt nicht zum ersten Mal in diesem Dorf, ausgeschlossen. Nach vier Tagen weiß man nicht so gut über die Straßenführung in der Umgebung Bescheid, schon gar nicht, wenn es um eine Straße geht, die nicht mehr benutzt wird.
Seine Freundlichkeit war nichts als Schein – eine Maske; nur einen Augenblick hatte er die Fratze gezeigt, die darunter verborgen war, und es wohl nicht einmal gemerkt. Was alt ist, ist

nutzlos, hatte er gesagt, ganz beiläufig, in einem Gespräch bei Tisch. Wie jung muß man sein, dachte Henze, um so einen Satz zu sagen?

Aber warte nur, Junge, wenn auch nur die Hälfte zutrifft von dem, was ich vermute, dann kommst du nicht ungeschoren davon. Ich werde mir deine Autonummer merken, irgendwie bringe ich die Adresse des Fahrzeughalters schon heraus. Und dann wird abgerechnet, Freundchen: Hausfriedensbruch, Nötigung... was weiß ich, was da alles zusammenkommt.

Mitten hinein in seine keimenden Gedanken an Rache, für die er eigentlich keinen Anlaß hatte, keinen persönlichen jedenfalls, hörte er Artur fragen: »Wollen wir wieder Schlitten fahren, Geli? Jetzt gleich?«

Ihre Freude war ungekünstelt, beinahe überschwenglich. »Au ja«, rief sie und klatschte in die Hände wie ein übermütiges Kind, »wir fahren Schlitten! Du ziehst mich, Artur, machst du das? Bis zum Waldrand hoch?«

Der Große lachte gurgelnd und klatschte mit in die Hände, im Takt, den Geli vorgab. »Das mach ich, na klar mach ich das.«

»Und runter fahren wir beide zusammen«, sagte Karli. »Ich sitze hinter dir und halte dich fest.«

Geli klatschte weiter, auch ihr Lachen verlor nichts von seiner Fröhlichkeit. »Das kann ich mir schon denken, wie du mich festhältst! Aber da kriegst du Ärger mit Werner, überleg dir das gut.«

»Oh, das ist natürlich etwas anderes, das habe ich überhaupt nicht bedacht.« Karli tat erschrocken und deutete eine leichte Verbeugung in Henzes Richtung an. »Entschuldigung, Herr Doktor, Entschuldigung.«

Henze saß steif auf dem Stuhl, die Wut über den Spott, den der Blonde so offensichtlich mit ihm trieb, zeichnete sich auf seinen geröteten Wangen ab. »Ich gehe sowieso nicht mit.«

»Och – Werner!« beschwerte sich Geli. »Wo ich mich doch so drauf gefreut habe!«

»Du kannst ja ruhig mitgehen«, sagte er, es klang ziemlich eisig. Er hatte wieder – wie schon heute nacht, als Geli, Artur und Karli gekommen waren – das Gefühl, daß er nicht dazugehörte. Die neunzehn Jahre fielen ihm ein – die neunzehn Jahre, die Geli zu jung war oder er zu alt.

Rüdiger schob seinen Stuhl zurück und stand auf. »Gut, dann zieht euch warme Sachen an. Ich komme auch mit.« Und mit

seinem sanften Lächeln, zu Henze gewandt: »Ich passe auf Fräulein Geuting auf. Und auf meinen Freund Karli auch, verlassen Sie sich drauf.«
Erst als die vier nach draußen gegangen waren, als er sie herumalbern hörte, während sie die Stiefel anzogen und in die Jakken schlüpften, fiel ihm auf, daß der Blonde ihn eben mit ›Herr Doktor‹ angeredet hatte. Und er war ganz sicher, daß er seinen akademischen Titel nicht erwähnt hatte, auch bei der Vorstellung nicht. Geli konnte es ihnen natürlich gesagt haben. Aber es war auch möglich... Nein, er hielt es sogar für wahrscheinlicher: einer von den dreien war oben im Zimmer gewesen und hatte in Henzes Sachen gekramt. Nur, wann? Geli war bis kurz vor dem Mittagessen im Zimmer geblieben. Vielleicht vorher, als Henze im Dorf war? Er habe ihn vom Fenster aus zurückkommen sehen, hatte der Schwarzhaarige gesagt. Und wenn nun der Blonde gesehen hatte, wie er wegging? Wenn er gedacht hatte, das wäre eine günstige Gelegenheit, sich rasch mal umzuschauen, während Geli noch schlief? Nur mal so, um herauszufinden, wer einem da nachts ins Haus geschneit war?
Und dann fiel ihm noch eine Möglichkeit ein: vielleicht war der Blick in Henzes Papiere, die neben dem Koffer lagen, nur ein Zufallsergebnis gewesen. Vielleicht war Karli... Ein frecher Kerl, hatte Geli gesagt, ich habe ihm schon zweimal auf die Finger klopfen müssen. Vielleicht war er gar nicht wegen der Papiere ins Zimmer gekommen, sondern weil er gesehen hatte, wie Henze wegging, und wußte, daß Geli allein war.

Ein paarmal war er jetzt schon hier oben gewesen im Zimmer, in dem Geli und er schliefen. Jedesmal hatte er so wie jetzt am Fenster gestanden, nicht dicht an der Scheibe, damit sie ihn von unten nicht erkennen konnten, und er hatte zugesehen, wie sie auf dem Südhang herumtollten, auf dem steilen Hang zwischen dem Waldstück und dem Haus, wie sie sich im Schnee rollten und ein Stück weit purzeln ließen und mit Schneebällen bewarfen und ihren Spaß hatten am funkelnden, weichen Weiß und an der kalten, klaren Wintersonne.
Und an ihrer Jugend, dachte Henze, an ihrer verdammten, beneidenswerten Jugend.
Diesmal konnte er die vier nicht entdecken, am ganzen Südhang nicht, nur die Spuren, die sie im Schnee hinterlassen hatten, sah er noch: Schlittenspuren, die oben am Waldrand

begannen, steil oder in sanft geschwungenen Linien herunterführten, sich kreuzten und weit unten, fast schon am Haus, ausliefen; die plumpen Trampelspuren von Schneeschuhen sah er – und den Engel, den Geli im Schnee geformt hatte.
Halb drei. Wo waren sie geblieben? Auf dem Rückweg zum Haus konnten sie nicht sein, da hätte Henze sie sehen oder – wenn sie schon ganz nahe waren – hören müssen. Ob sie nach oben gegangen waren, in das Waldstück? Oder weiter darüber hinaus, zur alten Straße, vielleicht zum Wagen? Aber Geli hatte die Autoschlüssel gar nicht dabei.
Da hörte er sie lachen, unverwechselbar, es mußte irgendwo weiter rechts sein, außerhalb seines Blickfeldes. Er hätte das Fenster öffnen und sich hinauslehnen können, aber auch aus dem schmalen Fenster draußen im Flur konnte er sie wahrscheinlich sehen. Er ging hinaus, an den beiden Zimmern vorbei, in denen anscheinend Rüdiger und Karli schliefen, während Artur... Merkwürdig, ging ihm wieder durch den Kopf, merkwürdig, daß sie ihn unten auf der Couch schlafen lassen, obwohl es doch, wenigstens so lange, bis Geli und er gekommen waren, das dritte Zimmer im Obergeschoß gegeben hätte. War der Hüne eine Art Wachposten, falls jemand nachts unten an der Tür rüttelte?
Er stand in der Nische, vor dem Fenster, aus dem der Blick nach Westen fiel. Das Dorf konnte er von hier aus überblicken, jedenfalls die linke Häuserreihe und auch die hinteren Häuser auf der rechten Seite, die letzten fünf, die hinter der Buche lagen. Und er sah den Hang, der hier, westlich vom Waldstück, weniger steil abfiel. Da waren die vier. Karli und Artur stapften voraus, zogen den Schlitten, und ein Stück weit hinter ihnen folgten Geli und Rüdiger. Er hatte den Arm um ihre Schulter gelegt, sie dicht an sich herangezogen, es sah aus, als wären die beiden Gestalten zu einer verschmolzen.
Der Schwarzhaarige, der könnte mir eher gefährlich werden, fiel ihm ein. Vielleicht hatte es ganz ähnlich angefangen wie damals mit ihm in Aachen. Vielleicht hatte sie sich bei dem Schwarzhaarigen eingehängt und gesagt: »Der Karli wird mir zu frech. Ich brauche deinen Schutz. Er belästigt mich.« Und er konnte geantwortet haben: »Ich habe es ja deinem Henze versprochen, daß ich auf dich aufpasse.« Ob sie gesagt hatte, er wäre gar nicht *ihr* Henze oder so etwas in der Art?
Jedenfalls schmiegte sie sich sehr eng an ihn. Und sie lachte mit

ihm, Henze konnte es hören, bis hier herauf. Der Schwarzhaarige, der war eben erst Mitte Zwanzig. Und der 280er zählte nicht mehr, der steckte bei der alten Straße im Schnee fest. Das Zimmer im Sporthotel Prümertal stand leer. Und Montag brauchten sie Rüdiger, wenn sie aus dem Dorf wegkommen wollten. Geli verstand etwas davon, auf den richtigen Mann zu setzen.

Er hätte ihr von dem Gespräch erzählen müssen, das er heute nacht belauscht hatte, und von Georg Lanzerath und Kathrin. Es war seine Schuld, daß er sie so ahnungslos gelassen hatte. Aber deswegen mußte sie dem Schwarzhaarigen nicht gleich erlauben, den Arm um ihre Schulter zu legen.

Susanne fiel ihm ein, er hatte sie immer noch nicht anrufen können, wahrscheinlich machte sie sich Sorgen. Aber vielleicht war ihr gar nicht so viel an seinem Anruf gelegen, wie er sich einbildete. Vielleicht ging sie jetzt auch mit jemandem durch den Schnee, mit einem früheren Schulfreund oder mit einem, der einmal der Nachbarsjunge gewesen war, als sie noch bei ihren Eltern wohnte. Warum sollte es nicht auch in Susannes Leben ein Geheimnis geben? Er hatte das Wochenendseminar in Hamburg als Vorwand erfunden und sie den Besuch bei ihren Eltern. Vielleicht legte der, mit dem sie durch den Schnee spazierenging, auch gerade den Arm um ihre Schulter, vielleicht lachte sie mit ihm.

Henze versuchte, sich an Susannes Lachen zu erinnern, er hatte es so lange nicht gehört. Und dann lachte er selber, weil ihm einfiel, wie oft er die Entscheidung vor sich hergeschoben hatte, die Entscheidung zwischen Susanne und Geli. Was denn nun, wenn er sich gar nicht mehr entscheiden mußte, weil beide schon ihre eigenen Entscheidungen getroffen hatten? Er preßte die Stirn an die kalte Fensterscheibe und lachte. Es war kein fröhliches Lachen, er ließ sich einfach nur durchschütteln, während sein Atem keuchend ging; er hätte genausogut weinen können, aber er hatte nie richtig zu weinen gelernt.

Er lachte so lange, bis er unten – dicht neben dem Haus, auf der Spur, die Emma Jaschob und er getreten hatten – die Gestalt sah. Eine Frau, eine alte Frau, sie hatte gehäkelte Tücher um die Schultern geschlungen, ein paar Tücher in mehreren Lagen, unter dem Schwarz sah ein Zipfel Grau heraus. Sie kam auf den Seiteneingang zu, sie klopfte.

In einer plötzliche Ahnung zog er die Schuhe aus und schlich auf Zehenspitzen die Treppe hinunter, bis vor die Tür, die von der Küche zur Eßecke führte.

10

Theresa Küppers schaute sich scheu um, ehe sie durch die Seitentür ins Haus schlüpfte. »Ich hab gesehen, daß sie auf der Sonnenhalde sind. Und da hab ich gedacht, gehst mal schnell bei Emma vorbei, hab ich gedacht.«
»Ist recht, Theresa«, sagte Emma Jaschob, »komm rein. Willst du Tee? Ich habe gerade welchen aufgebrüht.«
Sie stiegen die Treppenstufen zur Küche hoch. Theresa Küppers setzte bei jeder Stufe den linken Fuß voran, zog den rechten nach und legte, bevor sie sich an den nächsten Schritt wagte, eine kleine Pause ein. Früher war sie Treppen gestiegen wie andere auch – ach, mein Gott, wie ein junges Fohlen war sie gesprungen. Aber seit dem letzten Winter fiel ihr das Treppensteigen schwer, seitdem sie gestürzt war und sich das Bein gebrochen hatte, am linken Oberschenkel. Sie hatte es gleich geahnt, der Bruch war nicht gut geheilt, und daß es von den Johanniskrautwickeln besser geworden wäre, das hatte sie nur Marthe Bürvenich zuliebe gesagt. Auch Anna Honerts Arnikasalbe wollte nicht recht helfen. Aber es war unnütz zu jammern, beim Gehen merkte sie kaum etwas, nur beim Treppensteigen, und wann stieg sie schon Treppen? Daheim stand das Obergeschoß leer, seitdem die Söhne weggegangen waren, für Josef und sie reichten die drei Räume im Erdgeschoß. Nein, jammern durfte sie nicht, die anderen im Dorf hätten sie ausgelacht, sie war ja erst fünfundsechzig, die drittjüngste unter den Frauen, gleich nach Berta Zavelberg und Emma Jaschob. Und Kathrin natürlich, aber das war etwas anderes. Nur das Treppensteigen, das fiel ihr eben schwer seit dem letzten Winter.
»Tee?« fragte Theresa, als sie oben angekommen war, »was für Tee?«
»Von wilden Malven«, sagte Emma, »ist gut, wenn man's auf der Brust hat. Kann nichts schaden bei dem Wetter.«
»Gib mir einen Becher.« Theresa setzte sich an den Küchentisch und ruhte ihr schmerzendes Bein aus. »Was haben sie dazu gesagt, daß du keinen Kaffee gebracht hast?«

»Sie wissen es noch gar nicht«, antwortete Emma. »Morgen werden sie es merken, wenn ich ihnen Tee koche. Was sollen sie schon sagen? Es ist eben kein Kaffee mehr da.«
Theresa wiegte zweifelnd den Kopf. »Ich glaube nicht, daß sie's so einfach hinnehmen. Sie werden wieder den Großen losschikken.«
Emma Jaschob stellte ihr den Becher mit Tee hin, Theresa Küppers legte beide Hände darum, wärmte sie am Steingut. Sie litt sehr unter den kalten Wintern, sie fror immer so leicht, weil sie so mager war. Du bist das kleinste Hühnchen im Stall, hatte ihre Mutter früher zu ihr gesagt, ich verstehe nicht, warum ich drei kräftige Kinder bekommen habe und danach so einen Winzling. Mutter hatte immer Angst um sie gehabt, aber nun waren die anderen schon lange tot, der Jakob und die Paula und seit drei Jahren auch der Hubert. Nur das kleinste Hühnchen pickt immer noch seine Körner, dachte Theresa und lächelte in sich hinein, doch dann spürte sie plötzlich wieder das Ziehen in der Brust, diesen stechenden Schmerz, von dem ihr immer ganz schwindelig wurde, und sie hörte auf zu lächeln und fragte sich, wie lange es wohl noch gutgehen würde und was Josef ohne sie anfangen sollte. »Sie werden den Großen nicht mehr losschikken«, sagte Emma. »Es lohnt sich nicht mehr, am Montag werden sie wegfahren.«
»Haben sie's dir gesagt?« fragte Theresa.
Emma Jaschob setzte sich zu ihr. »Gesagt haben sie's nicht. Ich denk's mir aber. Was sollen sie hier in Blinding?«
»Die Herren wollen sie sein«, sagte Theresa, »an nichts gewöhnt sich's leichter. Und sie haben Freude dran, ich seh's dem Schwarzhaarigen an den Augen an. Und dem anderen, dem Blonden, dem trau ich erst recht nicht. Ich sag dir, er will was mit der Kathrin anfangen. Josef ist schon drüben gewesen bei Georg Lanzerath und hat ihm vorgeschlagen, er soll mit der Kathrin zu uns ziehen.«
Emma Jaschob seufzte. »Wenn der Blonde böse Gedanken hat, könnt ihr das Mädchen auch nicht schützen. Sie haben deinem Josef die Büchse weggenommen und das Weidmesser. Womit will er sich wehren?«
Theresa senkte die Stimme zu einem Flüstern. »Er hat noch ein Messer, einen Hirschfänger. Oben auf dem Speicher hat er ihn versteckt.«
Emma trank einen Schluck Tee und seufzte noch einmal. »Gott

hat mich übergeben dem Ungerechten und hat mich lassen kommen in der Gottlosen Hände. Ich war in Frieden, aber er hat mich zunichte gemacht.«

Auch Theresa trank von dem Tee, dann krümmte sie wieder die Hände um den Becher und sah eine Weile vor sich hin, bevor sie sagte: »Manche glauben nicht mehr, daß die drei gehen wollen. Sie wollen noch lange bleiben und die Herren sein, heißt es im Dorf. Paul Kahlen sagt es und Wilhelm Honert und Johannes Zavelberg, und andere sagen es auch, die Marthe Bürvenich.«

Und nach einer Weile fügte sie hinzu: »Auch mein Josef sagt es. Mein Gott, ich hab so gehofft, daß er geduldig bleibt.«

»Und was sagt Georg Lanzerath?« fragte Emma.

»Er denkt, daß wir bis Montag warten sollten.«

»Dann werden wir bis Montag warten«, sagte Emma Jaschob. »Er ist der älteste, die anderen müssen auf ihn hören.«

Theresa schüttelte den Kopf, sie hielt die Augen weiter gesenkt. »Sie wollen nicht auf ihn hören. Sie wollen, daß darüber beraten wird und jeder seine Stimme abgibt, ob Blut fließt oder ob wir warten sollen.«

Emma Jaschob sah sie erschrocken an, das Netz aus unzähligen Fältchen, das ihr Gesicht überzog, straffte sich sekundenlang. »Sie versündigen sich. Die meisten werden nein sagen. Die Frauen werden bestimmt nein sagen. Du doch auch?«

Theresa beugte sich weiter vor, als ob sie Emmas Blick ausweichen wollte. »Ich kann nicht nein sagen, wenn Josef ja sagt. Und die anderen werden es genauso halten, Anna Honert und Bertha Zavelberg bestimmt. Nur Mathilde Kahlen sagt, sie hätte Paul immer gehorcht, aber jetzt wäre ihre Angst stärker. Freilich, wer weiß, wie sie sich bis heute abend bedacht hat.«

»Heute abend?« fragte Emma Jaschob.

Theresa Küppers hob endlich den Blick, sah Emma an und nickte. »Darum bin ich gekommen. Um elf bei Mathilde und Paul Kahlen. Wirst du da sein?«

Es dauerte lange, bis Emma Jaschob antwortete. »Natürlich, ich komme. Aber paßt auf, daß niemand euch sieht, wenn ihr über die Straße geht. Wenn sie merken, daß wir bei den Kahlens zusammenkommen, werden sie den Grund ahnen.«

Theresa trank den Teebecher leer. »Josef meint, heute wäre es günstig. Weil die anderen da sind, sagt er, der Mann und die junge Frau. Vielleicht sitzen sie dann heute abend lange zusammen und reden.«

»Vielleicht«, sagte Emma – und noch einmal: »Vielleicht.«
Theresa stand auf und ging auf die Tür zu, die zur Kellertreppe führte. Sie ging sehr langsam, sie wollte es noch ein bißchen hinauszögern, weil sie sich wieder vor dem Schmerz im linken Bein fürchtete, bis ins Hüftgelenk hinauf strahlte er aus. Und da fiel ihr ein: »Ich habe nur vier draußen im Schnee gesehen. Wo ist der Mann, der heute durchs Dorf gegangen ist?«
»Oben«, sagte Emma Jaschob, »in dem Zimmer, das sie ihm gegeben haben. Ich glaube, er schläft.«
Die ersten drei Treppenstufen hatte Theresa Küppers schon hinter sich. Es war wieder genauso umständlich wie treppauf, nur, diesmal setzte sie zuerst den rechten Fuß nach unten und zog das linke Bein nach – mit einem kleinen, nach außen gekehrten Schwung.
»Du glaubst, er schläft. Aber sicher weißt du es nicht? Wenn er uns nun belauscht hat?«
»Er hat nicht gelauscht«, sagte Emma. »Wir hätten ihn ja hören müssen, wenn er die Treppe heruntergekommen wäre.«
Aber als sie hinter Theresa Küppers die Seitentür abgeschlossen und in die Küche zurückgekommen war, ging sie nachsehen, ob der Fremde nicht doch in der Eßecke säße, sogar auf die Treppe zum Obergeschoß warf sie einen Blick. Dann kehrte sie in die Küche zurück und wusch den zweiten Becher ab, es sollte keiner merken, daß jemand mit ihr Tee getrunken hatte.

Henze hörte unten die Türen klappen und wußte, daß er keine Minute zu früh die Treppe hinaufgeschlichen war, die Schuhe aus der Nische geholt und leise die Zimmertür hinter sich geschlossen hatte. Er ließ sich aufs Bett fallen, seine Stirn war schweißnaß, auch die Hände klebten, er fühlte sich wie im Fieber.
Es konnte nur ein Alptraum sein. Die Leute im Dorf konnten das nicht ernst meinen, daß sie darüber beraten wollten, ob Blut fließen sollte oder nicht. Es war Wahnsinn – und nicht einmal die Art von Wahnsinn, der aus der Ohnmacht gegenüber Gewalt erwächst, es war der Augenblick des Wahnsinns, in dem stumm ertragener Haß die Lust an Gegengewalt zeugt.
Sie wollten, daß Blut floß, die meisten wollten es, hatte Theresa Küppers gesagt. Was immer das heißen sollte, sie durften es nicht tun, es war Unrecht. Und wenn überhaupt einer, dann war er der einzige, der es verhindern konnte.

Sie konnten es gar nicht tun. Was sie sich auch ausdachten, sie würden es nicht schaffen, sie waren zu wenige, fünf Männer, einer von ihnen blind. Vier blieben also, nur vier. Vier alte Männer gegen drei junge Männer, von denen einer ein Riese war. Und noch etwas kam dazu, er hatte es eben erfahren: sie hatten dem Josef Küppers eine Schußwaffe weggenommen und ein Weidmesser.

Vier gegen drei – so durften die Leute im Dorf nur rechnen, wenn Georg Lanzerath ihnen erzählt hatte, daß Henze auf ihrer Seite stünde. Falls der alte Mann ihm das geglaubt hatte. Falls er nicht dachte: ein Fremder, einer, der bei den drei anderen wohnt und mit ihnen ißt und trinkt, was sie den Leuten im Dorf weggenommen haben, vielleicht kein Feind, aber erst recht kein zuverlässiger Freund. Vier gegen drei und einen, würden sie dann rechnen.

Es sei denn, sie zählten die Frauen mit. Emma Jaschob konnte ein Brotmesser aus der Küchenschublade ziehen, und Theresa Küppers wußte, wie man mit einer Mistgabel zusticht, und Kathrin konnte mit einem Spaten zuschlagen. Wie viele Frauen waren es? Er wußte zuwenig über das Dorf, er kannte nur ein paar von ihnen – nein, er kannte niemanden, er hatte bloß ein paar Namen erfahren. Es gibt bestimmt mehr Frauen als Männer, dachte er, das ist in allen Dörfern so. Überall da, wo die Alten wohnen, bleiben mehr Frauen übrig. Vielleicht, weil sie stärker sind und länger stark bleiben? Oder vielleicht auch, weil sie nicht ihr Leben lang daran denken, daß sie immer stark sein müssen und nie eine Schwäche zeigen dürfen.

Sieben Frauen mochten es sein, oder acht. Aber sie waren trotzdem zu wenige. Bis heute abend, wenn sie zusammenkamen, um sich zu beraten, würde ihnen das selbst klar geworden sein. Die Vernunft würde stärker sein als der Haß. Es mußte so sein, der Wahnsinn durfte nicht Wirklichkeit werden.

Aber es war so vieles Wirklichkeit geworden, was er vor ein paar Tagen noch für unmöglich gehalten hätte. Es kann gar nicht sein, hätte er vor einer Woche noch gedacht, daß jemand in Deutschland unterwegs ist zu einem verschwiegenen Hotel und sich auf eine falsche Wettervorhersage verlassen hat und irgendwo irrtümlich abgebogen ist, weil er im Schneesturm eine Ausschilderung übersehen hat, und auf einmal in einer Schneeverwehung feststeckt, auf einer Straße, die nirgendwohin führt. Es kann gar nicht sein, daß ein Dorf in Deutschland

tagelang abgeschnitten ist, zugeschneit, vergessen von den anderen, die erst ihre eigenen Straßen räumen müssen. Und es kann gar nicht sein, daß drei junge Männer in das vergessene Dorf kommen und sich, wie Theresa Küppers gesagt hatte, so schnell daran gewöhnen, die Herren zu sein.
Es konnte so vieles nicht sein, was dennoch zu der Wirklichkeit gehörte, die ihn umgab.
Er mußte wissen, was sie heute abend berieten, um elf bei Mathilde und Paul Kahlen. Henze kannte das Haus, Paul Kahlen sei sein Nachbar, hatte Georg Lanzerath gesagt; also mußte es das fünfte Haus auf der linken Seite sein.
Die Frage war nur, wie er hier aus dem Haus der Düsseldorfer herauskam. Emma Jaschob würde die Seitentür nehmen und den Schlüssel abziehen und einstecken, sie brauchte ihn ja, wenn sie wieder hereinwollte. An der Haustür hing das Vorhängeschloß.
Zwei Möglichkeiten fielen ihm ein. Er konnte mit Emma Jaschob sprechen, ihr sagen, daß er alles wußte, und sie bitten, sie möge ihn mitnehmen. Aber sie würden sich nicht beraten, wenn ein Fremder dabei war, sie würden nicht einmal zusammenkommen, sondern das Treffen vorher absagen. Immerhin, so viel hätte er dann schon erreicht: sie konnten nicht abstimmen, jedenfalls nicht heute abend.
Die zweite Möglichkeit war genauso untauglich. Es war sinnlos, Rüdiger um den Schlüssel zum Vorhängeschloß zu bitten, zum Beispiel unter dem Vorwand, er wolle noch einen Spaziergang machen. Der Schwarzhaarige würde mitkommen wollen oder die Bitte unter einem Vorwand ablehnen.
Henze mußte einen anderen Weg suchen. Die Garage, fiel ihm ein. Sie lag auf der Ostseite, neben dem Wohnraum, Wand an Wand, und es gab sicher einen Zugang vom Haus aus. Unten im hinteren Flur, vermutete er, in der kleinen Seitendiele, von der die Türen zur Küche und zur Eßecke abgingen. Bisher hatte er, wenn er die Treppe herunterkam, nie darauf geachtet, ob es noch eine dritte Tür gab.
Er zog die Schuhe an, stieg die Treppe hinunter, öffnete die Tür zur Eßecke, klappte sie zu – absichtlich laut, Emma Jaschob sollte denken, er wäre in den Wohnraum gegangen.
In der kleinen Diele war es nicht dunkel; er hätte es wissen müssen, denn schon letzte Nacht, als er hinuntergegangen war, um ein Glas Milch für Geli zu holen, hatte das bleiche Licht ihm

den Weg gewiesen. Es gab ein Fenster, nach hinten hinaus, in der Nordwand.
Und es gab eine dritte Tür, kein Zweifel, es mußte die Tür zur Garage sein.
Er probierte die Klinke, unverschlossen. Zwei Treppenstufen führten in die Garage hinunter. Zuerst fiel Henzes Blick auf den Landrover, schmutziggelb, vorn links eine kleine Delle... er registrierte es, ohne daß es ihm wirklich bewußt wurde, er starrte schon auf das Nummernschild: BO-EC 227. Aus Bochum kamen sie also, er brauchte nicht erst bis zum Schluß zu warten, er hatte die Visitenkarte schon jetzt gesehen.
Und es überlief ihn eiskalt, als ihm plötzlich klar wurde, daß seine Rechnung sowieso nicht aufgegangen wäre. Es war gelogen, als sie versprochen hatten, Geli und ihn mitzunehmen. Sie würden sie nicht mitnehmen, sie konnten es gar nicht tun, das Risiko war viel zu groß. Sie würden sie im Dorf zurücklassen, schon allein deshalb, weil es die einzige Möglichkeit war, ein paar Stunden Vorsprung zu gewinnen. Sie würden, ehe sie wegfuhren, die Nummernschilder verschmieren oder mit Sackleinen verhängen oder weiß der Teufel was tun, aber sie waren bestimmt nicht so einfältig, Zeugen mitzunehmen, die gegen sie aussagen konnten.
Falls sie überhaupt am Montag wegfahren wollten. Es konnte genauso gelogen sein wie die Geschichte mit der Haustür und Rüdigers Behauptung, er wäre zum ersten Mal im Dorf. Vielleicht hatte Theresa Küppers recht, wenn sie annahm, daß die drei bleiben und noch eine Weile die Herren sein wollten.
Einen Augenblick lang glaubte er, einen Fluchtweg für seine Gedanken zu finden: vielleicht entstammte alles, was ihm durch den Kopf ging, nur seiner überreizten Phantasie? Die Anstrengung der vergangenen Nacht, die fremde, eintönig abweisende Umgebung, die Wut darüber, daß ihm der Schneesturm dazwischengekommen war, und auch die kleine heimliche Wut, weil Geli sich nicht von seiner düsteren Stimmung anstecken ließ, sondern draußen im Schnee herumtollte und sich von Rüdiger den Arm um die Schulter legen ließ... das alles trieb ihn vielleicht nur dazu, sich etwas einzureden. Warum sollte Rüdiger nicht vorhaben, am Montag wegzufahren? Er hatte es doch selber gesagt. Und warum sollte er sie nicht mitnehmen, was mußte er denn von Geli und ihm befürchten? Er wußte ja nicht, wieviel Henze schon ahnte.

Aber dann sah er in der Garagenecke die Schneeschuhe gestapelt, mindestens ein Dutzend geflochtene Ovale, und daneben standen Beile und Äxte – sieben, acht zählte Henze, es konnten auch neun oder zehn sein. Heute morgen noch hätte er darüber gerätselt, doch inzwischen ahnte... nein, wußte er die Erklärung: Sie hatten das alles den Leuten im Dorf weggenommen, sie wollten nicht, daß sich einer von den Alten nach Rodersfelden durchschlug, sie hatten das Kabel in der einzigen Telefonzelle zerschnitten, damit die Leute niemanden herrufen konnten, und es war nicht schwer zu erraten, warum sie ihnen die Beile und die Äxte weggenommen hatten und dem Josef Küppes die Schußwaffe und das Weidmesser. Es gab keine Beweise, aber es paßte alles ins Bild: die drei hielten das Dorf in Schach.
Und noch eins wurde Henze klar. Wenn sie die Schneeschuhe und die Beile in der Garage aufbewahrten, dann hielten sie wohl die Verbindungstür zur hinteren Diele normalerweise verschlossen. Wahrscheinlich stand sie jetzt nur offen, weil sie den Schlitten herausgeholt hatten. Wenn es also hier in der Garage etwas gab, was Henze brauchen konnte, heute oder morgen oder wann auch immer, dann mußte er es jetzt mitnehmen, später würde er keine Gelegenheit dazu haben.
Er spürte das Fieber der Aufregung nicht mehr, nur noch eine lauernde Anspannung. Er kannte dieses Gefühl, und er liebte es. Es war immer ein untrügliches Zeichen dafür, daß die Phase der Zweifel und des Zögerns hinter ihm lag und daß er einen Entschluß gefaßt hatte – mitunter nur unbewußt, so daß es ihm gar nicht möglich gewesen wäre, den Entschluß in Worten auszudrücken. Aber das Gefühl der kalten, lauernden Anspannung kannte er genau, er liebte es, weil es ihn stärker machte. Und diesmal hätte er den Entschluß auch formulieren können. Er würde heute abend zu Paul Kahlens Haus gehen und – irgendwo versteckt – herausfinden, was sie berieten und wie sie abstimmten. Wenn die alten Männer wollten, daß Blut floß, und ihre Frauen sie nicht davon abhielten, dann mußte er dafür sorgen, daß Geli und er, ehe es so weit kam, nicht mehr im Dorf waren.
Er nahm vier von den Schneeschuhen, legte sie auf den Stufen bereit. Er musterte den Stapel, der übrig geblieben war – nein, das fiel nicht weiter auf, da hätte einer schon genau hinschauen und nachzählen müssen.

Was noch? Zwei Äxte? Er wollte ja nicht kämpfen, im Gegenteil, er wollte – zusammen mit Geli – weit weg sein, wenn der Wahnsinn begann. Falls die Leute im Dorf sich nicht doch noch besannen.
An der Garagenwand war ein Regal angedübelt. Putzlappen lagen da, eine Dose mit Kontaktspray, eine Plastikflasche mit einer blaßblauen Flüssigkeit, wahrscheinlich ein Frostschutzmittel, Talkumpuder, ein abgebrochener Außenspiegel... sein Blick huschte weiter, blieb schließlich an einer Rolle schwarzem Klebeband hängen. Isolierband oder Textilband oder wie man das Zeug nannte, ungefähr acht Zentimeter breit. Und in dem Augenblick wußte er, wie er aus dem Haus kommen und sicher wieder hineingelangen konnte. Sicher und unbemerkt – hätte er gern gedacht, aber ob es ihm unbemerkt gelingen würde, das hing von vielen Umständen ab, die er nicht beeinflussen konnte.
Er nahm die vier Schneeschuhe und das Klebeband, ging zurück in die Seitendiele, blieb vor dem Fenster in der Nordwand stehen. Ein Fenster mit schwarzem Rahmen, mit einem Riegel in halber Höhe, mit einer Kippvorrichtung. Er öffnete das Fenster, beugte sich hinaus, Kälte sprang ihn an, sein eigener Atemhauch wehte ihm vors Gesicht. Der Schnee lag so hoch, daß Henze sich nur wenig vorbeugen mußte. Mit bloßen Händen schaufelte er ein Loch in den Schnee, fast über die ganze Breite des Fensters, breit genug für die vier Schneeschuhe. Als er sie in das Loch legte, mußte er sich auf die Fensterbank knien. Natürlich war das Loch nicht tief genug, das hatte er von vornherein nicht erwartet. Er setzte sich und schwang die Beine nach außen, ließ sich an der Hauswand hinuntergleiten und spürte, wie sich die geflochtenen Ovale unter seinem Gewicht tiefer in den Schnee drückten. Wieder wühlten seine Hände im Schnee, diesmal schaufelten sie ihn zu sich her, er schüttete das Loch zu, bis die Schneeschuhe bedeckt waren. Den Rest konnte er von innen erledigen, wieder von der Fensterbank aus, kniend und nach vorn gebeugt. Er spürte die Hände kaum noch, sie waren grellrot und glühten heiß, als er den Schnee glattstrich, bis alle Spuren verwischt waren.
Er hielt die Hände gekrümmt vor den Mund, hauchte warmen Atem in die Mulde, immer wieder. Es gab nicht mehr viel zu tun, aber gerade jetzt mußte er besonders sorgfältig arbeiten. Endlich, als das taube Gefühl nachließ, konnte er weiterma-

chen. Er klebte das Band von innen am Fensterrahmen fest, zog es unter der inneren Leibung durch, bis auf die äußere Sohlbank. Er war nicht besonders geschickt in manuellen Arbeiten, er war selber gespannt, ob es funktionierte.
Natürlich, dachte er, als er es ausprobiert hatte, natürlich, es mußte ja klappen, die einfachen Dinge klappen immer. Er konnte das Fenster von innen zudrücken, ohne den Riegel zu schließen, durch das Klebeband hielt es auch so im Rahmen fest. Und wenn er später von außen hereinwollte, brauchte er das Fenster nur aufzudrücken. Er hätte auch einen Holzspan nehmen können oder ein gefaltetes Papiertaschentuch. Aber der Span wäre vielleicht verrutscht und das Papiertaschentuch weggeweht. So war es besser, so konnte nichts schiefgehen.
O doch, verbesserte er sich in Gedanken. Es konnte eine Menge schiefgehen. Jemand brauchte nur zufällig zu bemerken, daß der Fensterriegel waagerecht stand. Aber wer achtete schon auf so etwas? Oder Wind kam auf, es gab Durchzug, während die Tür zur Küche oder die zur Eßecke offenstand, das Fenster flog auf. Er mußte Geli bitten, ein Auge darauf zu haben und notfalls rasch einzugreifen. Mit ihr mußte er sowieso sprechen, ohne ihre Hilfe ging es nicht. Bestimmt würde es schwierig werden, einen glaubwürdigen Vorwand zu finden, warum er nicht mit den anderen unten am Kamin sitzenbleiben, sondern angeblich schon schlafengehen wollte.
Er mußte mit Geli reden, ihr von seinen Ahnungen erzählen und von dem, was er wußte. Und schon das, dachte er, wird schwierig werden.

11

Henze starrte ins Kaminfeuer, er hörte die anderen reden, dazwischen Gelis gurrendes Lachen und Arturs glückliches Kollern. Es war alles ganz nah und trotzdem sehr fern, er hörte nicht hin, er wußte gar nicht, worüber sie redeten, es rauschte an ihm vorbei, es ging ihn nichts an, es war nur eine Fülle von lästigen Geräuschen, zu laut und zu fremd.
Ich hätte doch mit ihr reden sollen, dachte er. Ich hätte ihr sagen sollen, was ich vorhabe und warum ich es tun muß und daß ich ihre Hilfe brauche. Irgendwann muß ich es ihr sowieso sagen, ich kann sie ja nicht so ahnungslos lassen.

Aber es war bis jetzt nicht möglich gewesen. Er wollte ihr das nicht vorwerfen, nicht einmal in Gedanken; *ihm* war es nicht möglich gewesen, gestand er sich ein, weil er immer auf eine besondere Atmosphäre gewartet hatte, auf einen Augenblick... wenigstens einen Augenblick Stille. Sie konnte ihm ja nicht zuhören, solange sie lachte und drauflos plapperte, glucksend vor Übermut, und ihm erzählte, wie schön es draußen im Schnee gewesen wäre und wieviel Spaß sie gehabt hätten. Sie hatte nicht einmal gesagt: »Schade, daß du nicht dabeigewesen bist.«

Er hatte nicht mit ihr sprechen können, auch nicht oben im Zimmer, weil sie immer weiterredete, als ob sie ihn anstecken wollte mit ihrer Freude. Wie hätte er da sagen sollen: »Hör auf, dich zu freuen, es ist alles ganz anders, als du denkst, es wird etwas Schreckliches passieren, wir müssen hier weg«, wie hätte er das sagen sollen?

Sie hätte ihn ja doch nur angestarrt und ihm nicht geglaubt. Du denkst dir das alles nur aus, hätte sie gesagt. Du willst die Wahrheit einfach nicht glauben, das mit der Haustür und daß sie den Schlüssel nicht gefunden haben und daß sie am Schluß bezahlen werden, was die Leute im Dorf ihnen gegeben haben. Du ärgerst dich, hätte sie gesagt, weil das Wochenende nicht so verläuft, wie du es geplant hast, weil du nicht in deinem stinkfeinen Hotel angekommen bist und Kalbsmedaillons in Safransauce bestellen kannst, auf wildem Reis serviert. Du vergißt einfach, was die drei für uns getan haben, hätte sie gesagt, du hast es längst vergessen, daß sie noch mitten in der Nacht losgezogen sind, um mich zu holen, als dir die Puste ausgegangen war. Und du ärgerst dich, weil du vorhin nicht mitgekommen bist und nicht mit uns im Schnee herumgealbert hast, hätte sie gesagt, und du gönnst mir nicht, daß ich meinen Spaß habe, wenn du nicht dabei bist. Ach ja – und deine Frau, hätte sie gesagt, das beunruhigt dich natürlich auch, daß du noch nicht anrufen konntest. Und jetzt brütest du den ganzen Tag und denkst dir eine düstere Geschichte aus und willst mir angst machen.

Er wußte, was sie gesagt hätte, darum hatte er nicht mit ihr reden können. Du bist ein Spielverderber, hätte sie gesagt, ein schrecklich besonnener alter Mann.

So etwas Ähnliches hatte sie wirklich gesagt, vorhin im Schlafzimmer. Das heißt, das mit dem Spielverderber, das hatte sie gesagt, als sie unter der Dusche stand.

»Komm doch mit rein!« hatte sie gerufen. »Sei doch kein Spielverderber. Ich zeig dir auch, daß meine Hände schon wieder ganz warm sind.«
»Jetzt nicht«, hatte er gesagt, »ich hab mich gerade aufs Bett gelegt, ich hab ein bißchen Kopfschmerzen.«
Und dann war sie ins Zimmer gekommen, das Badetuch lose um die Schultern gelegt, mit ein paar schimmernden Wassertropfen auf der Haut. Sie hatte sich neben ihn aufs Bett gelegt, auf die Ellbogen gestützt. Sie hatte ihn nur still angesehen, und einen Augenblick lang hatte er gedacht, jetzt könne er mit ihr reden. Aber dann war ihr Gesicht ganz nahe gewesen, und er war in ihren Augen ertrunken und an ihren Lippen atemlos geworden. Er hatte noch gesagt, sie müßten die Tür zuschließen, aber als er gerade sah, daß gar kein Schlüssel im Schloß steckte, hatte er ihre Antwort gehört: »Ach, laß doch, sei doch nicht immer so ein alter besonnener Mann.« Und dann war er taub geworden von ihren kleinen Schreien, diesen heiser keuchenden Schreien, die ihn wieder ganz schwindelig machten und ihn alles um ihn herum vergessen ließen.
Wann hätte er mit ihr reden sollen? Er konnte ihr doch nicht gleich danach von dem Besuch bei Georg Lanzerath und Kathrin erzählen und von dem Gespräch zwischen Emma Jaschob und Theresa Küppers und von den Äxten und Beilen und den Schneeschuhen in der Garage.
Er starrte ins Kaminfeuer, er hörte die anderen reden und lachen, zu laut und zu nahe, aber auch zu weit weg und zu fremd. Er schob den linken Arm ein wenig vor, sah verstohlen auf die Uhr – halb elf, es wurde Zeit für ihn.
»Es tut mir leid«, sagte er mitten in ihr Gespräch hinein, »ich muß mich entschuldigen, irgend etwas stimmt nicht mit mir, vielleicht habe ich mir letzte Nacht eine Erkältung geholt.«
Rüdiger lächelte. »Bei uns wird es heute auch nicht so spät, Herr Henze, wir haben uns im Schnee müde getobt.«
Artur starrte seinen Bruder an. »Aber du hast doch gesagt, daß ich dir noch helfen muß?«
Rüdiger reckte sich und streichelte dem Großen die Wange. »Das kommt schon noch, hab nur Geduld.«
Der Hüne schob die streichelnde Hand weg. »Du willst es alleine machen, ja? Du brauchst mich gar nicht.«
»Natürlich brauche ich dich, Artur. Ich bin nicht so stark wie du.«

Rüdiger lächelte gequält, als ob er bei Geli und bei Henze um Verständnis werben wollte. »Mein armer Bruder«, sagte er. »Sie sehen ja selbst...« Und nach kurzem Zögern: »Karli, bleib du solange unten, während ich mit Artur unterwegs bin. Jemand muß hinter uns zuschließen und uns nachher wieder aufmachen.«

Der Blonde nickte mürrisch. »Ist gut, ich hör solange Radio. Es wird ja wohl nicht bis in die Puppen dauern.«

Henze war schon aufgestanden, jetzt blieb er unschlüssig stehen. Wovon redeten die drei? Es mußte etwas sein, worüber sie seit langem einig waren, denn Karli hatte keine Fragen gestellt. Artur und Rüdiger wollten das Haus verlassen, und Karli sollte ihnen die Tür öffnen und...

Verdammt, was immer sie vorhatten, sie machten damit den Leuten im Dorf einen Strich durch die Rechnung. In einer Viertelstunde – oder, na gut, die Wege im Dorf waren nicht weit... in einer knappen halben Stunde würden sie da unten losgehen, die Küppers und die Zavelbergs und die Honerts und Georg Lanzerath und Kathrin, und wenn dann auch Artur und sein Bruder unterwegs waren, dann würden sie sehen, wie die alten Frauen und Männer aus den Hoftoren kamen, lauter schattenhaft dunkle Gestalten, die alle dasselbe Ziel hatten, das fünfte Haus auf der linken Seite.

Henze merkte nicht, wie gehetzt sein Blick von einem zum anderen irrte. Geli, hatte er gedacht, Geli wäre die Schwierigkeit, weil er noch nicht mit ihr geredet, sondern sie ahnungslos gelassen hatte. Aber jetzt kam ein neues Problem dazu, Rüdiger und Artur wollten aus dem Haus gehen. Warum, zum Teufel, was hatten die beiden jetzt noch draußen zu suchen? Ahnten sie etwas davon, daß die Leute im Dorf zusammenkommen und sich beraten wollten? Ausgeschlossen. Wer hätte ihnen das erzählen sollen? Es mußte ein Zufall sein. Ein verdammt gefährlicher Zufall.

»Was denn«, fragte Geli, »ihr wollt noch weggehen? Gerade hast du doch gesagt, daß ihr auch müde seid?«

»Es dauert nicht lange«, antwortete Rüdiger lächelnd, »mein Bruder will noch einmal raus in den Schnee. Ich sage ja, er ist wie ein großes Kind. Er kriegt nie genug.«

Geli kam zu Werner Henze an die Tür. »Also, mich brächten jetzt keine zehn Pferde mehr raus, so schön es heute nachmittag war. Ich geh auch schlafen, gute Nacht. Und...« Sie spitzte die

Lippen wie zu einem kleinen Kuß. »... danke für den schönen Tag. Ihr seid richtig süß, alle drei.«
Karli grinste. »Träum was Schönes.«
Henze rührte sich nicht, obwohl er Gelis verwunderten Blick bemerkte; sie wartete darauf, daß er endlich die Tür öffnete und vorausging. Seine Gedanken rasten, er versuchte fieberhaft, sich irgend etwas einfallen zu lassen, um Rüdiger und Artur aufzuhalten. Ob er doch mit Emma Jaschob sprechen sollte, damit sie die anderen im Dorf warnen konnte? Unmöglich. Karli blieb ja unten im Wohnraum, und wenn er auch gesagt hatte, er wolle Radio hören, konnte es eben doch sein, daß er etwas mitbekam. Eine Ohnmacht, fiel ihm ein, ich täusche einfach eine Ohnmacht vor, ich breche zusammen wie letzte Nacht nach dem langen Weg durch den Schnee. Doch, das nehmen sie mir bestimmt ab, dachte er. Sie werden sagen: Ach so, werden sie sagen, deshalb ist er heute nachmittag nicht mit rausgekommen. Er hat sich ja eine Erkältung geholt. Vielleicht ist es auch einfach über seine Kräfte gegangen, werden sie sagen, er ist eben nicht mehr der Jüngste.
Und als Henze gerade dachte, er dürfe jetzt keine Zeit mehr verlieren, es müsse jetzt gleich sein, hier an der Tür... ein bißchen die Augen verdrehen und zusammensacken, vielleicht mit einem leisen Keuchen... als er das gerade dachte, hörte er Rüdiger auf seinen Bruder einreden.
»Ja doch. Ich hab dir doch schon gesagt, daß ich dich dabei brauche. Du bist viel stärker als ich.« Es war, als wollte er den Großen mit Worten streicheln. »Aber es ist noch zu früh, die Jaschob ist noch wach. Wir warten eine Weile, und dann mußt du dich warm anziehen, es ist kalt draußen. Ich hab's dir versprochen, dabei bleibt es.«
»Ja«, kollerte Artur glücklich, »ich helfe dir.«
»Was ist denn nun?« drängte Geli. »Du stehst hier die ganze Zeit an der Tür herum – ich denke, wir wollen nach oben gehen?«
»Schlafen gehen – oder so«, sagte Karli grinsend.
Geli lächelte ihm zu. »Nicht ›oder so‹. Das haben wir schon hinter uns.« Und während Karli leise durch die Zähne pfiff – vielleicht, um eine Art Anerkennung zu signalisieren, vielleicht auch nur, weil ihn ihre unverblümte Offenheit verblüffte, langte Geli an Henze vorbei nach der Türklinke. »Jetzt komm doch, Werner!«
Als sie die Treppe hochgingen, sah er noch einmal auf die Arm-

banduhr. Noch zwanzig Minuten. Und er mußte sich noch umziehen, wenigstens die gefütterte Hose und die Stiefel und den Parka brauchte er. Danach mußte er mit ihr reden. Er konnte nicht einfach so verschwinden, sonst suchte sie unten im Wohnzimmer nach ihm, und die Sache flog auf.
Er fing an zu rechnen. Zehn Minuten zum Umziehen und um in die kleine Seitendiele hinunterzuschleichen und für den Weg bis zu Kahlens Haus. Also blieben ihm zehn Minuten, um Geli alles zu erklären. Noch ein Blick auf die Armbanduhr, dann verbesserte er sich: nein, nur noch sieben Minuten. Mein Gott, das wurde knapp. Er ahnte ja, wie viele Fragen und wie viele Einwände Geli einfallen konnten und wie sprachlos er sein würde gegen ihr Argument, daß ihn das alles – mal vorausgesetzt, er hätte überhaupt recht mit dem, was er sich da zusammenphantasierte... daß ihn das alles im Grunde gar nichts anging.
»Wenn wir wenigstens ein paar Illustrierte hätten«, nörgelte Geli, als sie ins Zimmer kamen.
Er murmelte zerstreut vor sich hin, hoffte, sie würde es für Zustimmung halten, überlegte angestrengt, wie er nach unten in die kleine Seitendiele kommen und aus dem Fenster klettern sollte, ohne daß die drei im Wohnzimmer etwas merkten, und auf einmal fiel ihm ein:
»Warum steigst du nicht in die Badewanne? Ich hab ein paar Taschenbücher dabei, vielleicht gefällt dir eins.«
Mindestens gefiel ihr der Vorschlag, das sah er sofort. In der Badewanne wurde es ihr nie langweilig.
»Und du?« fragte sie.
»Ich leg mich solange aufs Bett. Eins von den Büchern wirst du ja entbehren können.«
Sie kam auf ihn zu, kuschelte sich ganz eng an. »Aber ob ich dich solange entbehren kann? Versprich mir, daß du noch nicht schläfst, wenn ich aus der Wanne komme.«
Er lächelte bei dem Gedanken, daß er sie nicht einmal belügen müßte. »Bestimmt nicht, Kleines.«
Er wartete, während im Bad das Wasser einlief, er legte die gefütterte Hose bereit, die Stiefel und den Parka, und erst, als er ziemlich sicher war, daß sie inzwischen schon in der Wanne liegen mußte, ging er ins Badezimmer. Sie lag nicht, sie saß, auf dem Wannenrand die Taschenbücher bis auf das, in dem sie gerade blätterte. Hübsch sah sie aus, verlockend hübsch und

gefährlich jung. Aber... wie hatte sie das ausgedrückt? Das ›und so‹ hatten sie ja schon hinter sich.
»Das kannst du haben«, sagte sie und gab ihm eins von den Taschenbüchern, dann noch ein zweites: »Und das hier auch, das ist mir zu dick.«
»Ob ich noch mal nach unten gehe?« fragte er, und er war fast ein bißchen stolz auf den Einfall. »Ich meine, einfach so, damit Karli nicht allein ist.«
Sie lächelte. »Der käme bestimmt lieber hoch.«
Er sah ihre schönen, weich geschwungenen Schultern an, ihre Brüste, ihren glatten Bauch, die sanfte Rundung ihrer Hüfte, die langen Schenkel und das dunkelblond schimmernde Dreieck gekräuselter Haare. Hoffentlich kommt der Kerl nicht auf dumme Ideen, während ich weg bin, dachte er.
»Geh ruhig«, sagte sie, »aber bleib nicht so lange.«
»Bestimmt nicht, Kleines«, versprach er noch einmal. Er beugte sich vor, und während er sie küßte, reckte sie hinter seinem Rücken eine Hand hoch und ließ ihm Wasser in den Nacken tröpfeln.
»Biest! « sagte er erschrocken.
Sie hielt ihn am Ohrläppchen fest. »Sag: süßes Biest«, verlangte sie.
»Süßes Biest«, murmelte er an ihrem Ohr. Dann richtete er sich auf, es wurde Zeit für ihn, er hatte schon zu viele Minuten vertrödelt und immer noch nicht mit ihr geredet, und er wußte noch nicht einmal eine Lösung, wie er unbemerkt aus dem Dielenfenster kommen sollte.
Im Schlafzimmer riß er einen Zettel aus seinem Notizbuch und schrieb für sie auf: »Bitte, sag niemandem, daß ich weg bin. Such nicht nach mir. Warte einfach auf mich. Ich erkläre dir alles, wenn ich zurück bin.«
Er überlegte, ob er noch etwas hinzufügen sollte, worüber sie sich freuen würde. »Ich liebe dich.« Aber er dachte, daß es ehrlicher wäre zu schreiben: »Ich bin süchtig nach dir. Nach deiner Jugend.« Und dann dachte er noch, daß der Zettel sowieso schon fast voll wäre und daß ihm die Zeit wegliefe und daß er genug andere Probleme hätte.
Zum Beispiel immer noch das Problem, wie er unbemerkt aus dem Haus kommen sollte.
Hoffentlich hatte Karli inzwischen das Radio angestellt, hoffentlich recht laut. Und hoffentlich waren Rüdiger und Artur

noch nicht gegangen. Und hoffentlich hielt sich Geli an das, was er ihr aufgeschrieben hatte, falls sie aus der Badewanne stieg, ehe er zurück war.

12

Berta Zavelberg kam als letzte, zusammen mit ihrem Mann Johannes; sie setzte sich zu den anderen Frauen nach hinten, wo die Stühle an der Wand aufgereiht standen. Marthe Bürvenich saß neben ihr, sie war zweiundsiebzig, acht Jahre älter als Berta, und Witwe war sie, seit sie ihren Matthias vor vier Jahren auf den kleinen Friedhof am Kreuzweg getragen hatten. Damals, erinnerte sich Berta Zavelberg, hatten sie alle gedacht: Nun sind es nur noch vier Männer, die einen Sarg tragen können, außer dem Georg Lanzerath, aber der ist blind und schon vierundachtzig, und wenn uns nun noch einer wegstirbt, dann müssen wir den Sarg mit dem Karren zum Kreuzweg schieben. Und während sie Mathilde Kahlen und Theresa Küppers zunickte, die links von Marthe Bürvenich saßen, und dann auch Anna Honert und Emma Jaschob, rechts von ihr, und dabei bemerkte, daß Theresa ein wenig steif auf dem Stuhl saß, weil ihr wohl das linke Bein wieder zu schaffen machte, hatte sie Zeit genug, dem lieben Gott zu danken, daß ihr Johannes mit seinen Neunundsechzig noch so rüstig war, und sie vergaß auch nicht, ihn zu bitten, er möge ihr den Mann doch noch eine Weile lassen, damit sie sich nicht allein durchschlagen müßte wie Marthe Bürvenich – die einzige im Dorf, die ohne Mann lebte, von Emma Jaschob abgesehen, aber das war etwas anderes, die hatte eben keinen abgekriegt.
Ach ja... und Kathrin, fiel ihr ein, aber das war wieder etwas anderes, die war noch zu jung, ein Kind von dreiundzwanzig Jahren, und sie blieb ja auch nicht im Dorf, sie war nur noch einmal zurückgekommen, ihrem Großvater zuliebe; wenn sie den eines Tages zum Kreuzweg hinausgetragen hatten, würde Kathrin ihre Siebensachen packen und weggehen und irgendwo einen Mann finden und Kinder haben und das Dorf vergessen; so war das bei allen gewesen, bei ihrer Lotte auch.
Sechs Frauen saßen auf den Stühlen, Emma Jaschob mit ihren Zweiundsechzig war die jüngste, Anna Honert die älteste; im Mai wurde sie achtzig. Das werden wir wohl draußen feiern

können, dachte Berta Zavelberg, drüben unter der Buche, mit bunten Lampions an den Ästen, die Tische mit Birkengrün geschmückt. Nur Kathrin saß nicht mit auf der Stuhlreihe der Frauen, sie hatte ihren Platz links von der Tür, neben ihrem Großvater, das mußte so sein.
Drei Männer hatten sich auf die Ofenbank gesetzt, Johannes Zavelberg, Wilhelm Honert und Josef Küppers. Paul Kahlen hatte sich einen Stuhl vors Fenster gestellt, abgerückt von den anderen, was vielleicht wie ein Zufall aussehen mochte, von ihm aber mit Bedacht so eingerichtet war, denn er war der Hausherr, er hatte die anderen hier zusammengerufen, sie sollten ihn sehen, und sie sollten auf ihn hören, wenn er zu ihnen sprach. Er ahnte, daß Georg Lanzerath anders dachte als er, und darum ließ er nicht ihn, den ältesten, dem das zugestanden hätte, zuerst das Wort ergreifen, sondern fing selber zu reden an.
»Ich glaube nicht, daß sie freiwillig gehen werden«, sagte er. »Seid ehrlich, ihr anderen glaubt es auch nicht. Es ist nur so, daß ein paar noch drauf hoffen. Aber sie werden nicht gehen, wir müssen sie vertreiben.«
Georg Lanzerath stützte beide Hände schwer auf den Stock, den er zwischen die Beine gestellt hatte. »Du redest, als ob du's nicht besser wüßtest, Paule.« Er hatte schon Paule gesagt, als er vom Militärdienst ins Dorf zurückgekommen war und der Nachbarsjunge – gerade zehn, mit zerrissenen kurzen Hosen und einem Rotzfähnchen unter der Nase – sich im Garten hinter den Brombeerhecken versteckt und gehofft hatte, niemand würde ihm draufkommen, daß er schon wieder bei Lanzeraths in den Kirschenbaum gestiegen war. »Übermorgen werden sie wegfahren, vielleicht schon morgen. Warum sollten sie bleiben?«
Paul Kahlen reckte trotzig das Kinn vor. »Und warum sollten sie nicht bleiben? Es lebt sich doch gut hier, wenn sie uns alles wegnehmen und wir sie bedienen müssen.«
»Weil niemand von den jungen Leuten geblieben ist«, sagte Georg Lanzerath. »Die Jungen bleiben nicht in Blinding. Alle sind gegangen. Nur die Kathrin ist noch einmal wiedergekommen.« Er faßte, ohne daß er suchen mußte, nach der Hand des Mädchens. »Ich weiß, sie bleibt, solange ich hier bin.«
»Sie werden nicht gehen, wir müssen sie vertreiben«, wiederholte Paul Kahlen eigensinnig.
»Du willst nicht abwarten, Paule, weil das junge Gesindel mit

dir umgesprungen ist, als ob es hier eine Herrschaft gäbe und wir alle kuschen müßten«, sagte Georg Lanzerath. Er sagte es sehr ruhig und nachsichtig, aber mit sanfter Ermahnung, als hätte er noch den Zehnjährigen vor sich, den, der gerade wieder in den Kirschenbaum steigen wollte. »Die drei haben deinen Stolz verletzt, das kann ich verstehen. Sie haben befohlen, und du hast gehorchen müssen, wie wir alle.«

Paul Kahlen ballte die Fäuste. »Ich habe ihnen nicht gehorcht. Gestern haben sie mir drüben im Haus der Düsseldorfer befohlen, daß ich die Holzreste vor dem Kamin wegkehren soll, aber ich habe ihnen nicht gehorcht. Sie wollten mich auf den Knien rutschen sehen, aber ich habe es nicht getan.«

»Nein«, sagte Emma Jaschob, »du hast es nicht getan. Du bist raus in die Küche gekommen und hast es mir gesagt, und dann bin ich hingegangen und hab mich gekniet und getan, was du nicht tun wolltest in deinem Stolz. Denn selig sind die Friedfertigen, sie werden Gottes Kinder heißen.«

Die Männer sahen zu ihr hin, auch Georg Lanzerath mit seinen blinden Augen. Mißbilligend sahen sie zu ihr hin, denn es war ungehörig, daß sie sich eingemischt hatte. Aber sie hatte eben nie einen Mann gehabt, hatte nicht gelernt, wann eine Frau schweigen soll und wann sie reden muß, sie wußte es nicht besser. Darum sagten sie nichts, sondern ließen es beim stummen Tadel ihrer Blicke.

»Dir haben sie doch nichts befohlen, Georg Lanzerath«, sagte Paul Kahlen. »Dich haben sie ja in Ruhe gelassen. Zu dir haben sie nicht den Großen geschickt, damit er dich ins Gesicht schlägt, immer wieder und so lange, bis du die Augen senkst. Aber mich hat er geschlagen – und auch Wilhelm Honert und Johannes Zavelberg und Josef Küppers. Und er hat uns geschlagen, während unsere Frauen dabei waren. Sie sollten sehen, wie wehrlos wir sind, das hat er gewollt.«

Er hatte die anderen in der Reihenfolge ihres Alters aufgezählt, und so sah er sie auch nacheinander an, und die Wangen in den zerfurchten Gesichtern färbten sich rot vor Zorn und Haß.

Georg Lanzerath konnte nicht sehen, daß sie einander zunickten, jedem einzelnen, dessen Namen er nannte, nickte Paul Kahlen zu, und jeder von ihnen nickte zurück. Der blinde alte Mann konnte es nicht sehen, aber er ahnte auch so, daß sie längst untereinander einig waren. Sie hatten sich in die Hand versprochen, wie sie abstimmen wollten, und bestimmt hatten sie auch ihren Frauen gesagt, was sie tun sollten. Aber Georg Lanzerath dachte, es müsse trotzdem nicht endgültig beschlossen sein, sie könnten ja noch reden und vielleicht wenigstens eine Weile Aufschub gewinnen.

»Wartet bis Montag«, sagte er. »Wenn sie Montagmorgen nicht wegfahren, können wir beraten, was wir tun wollen.«

Wilhelm Honert rutschte vom Kachelofen weg, bis an die Kante der Bank, und beugte sich vor zum Zeichen für die anderen, daß er etwas sagen wollte, er war der älteste nach Georg Lanzerath, ihm stand es zu, auf dessen Rat zu antworten.

»Wir haben schon zu lange gewartet«, sagte er. »Wir hätten uns gleich wehren sollen, gleich am Dienstag, als sie gekommen sind. So sind sie übermütig geworden und haben sich genommen, was sie wollten. Ich hab das Zicklein für sie schlachten müssen. Nun habe ich nur noch zwei Ziegen im Stall, zu wenig Milch für meine Anna und mich.« Denn die Kühe, die Lise und die Mine, hatte er schon vor drei Jahren verkauft, als ihm die Arbeit zuviel geworden war.

»Übermütig sind sie geworden wie tollwütige Hunde«, gab ihm Johannes Zavelberg recht. »Du weißt doch, Georg Lanzerath, daß sie mir den Obstschnaps weggenommen haben, du weißt es doch. Und du weißt auch, daß sie mich geschlagen haben, als ich gesagt habe, sie sollten mir wenigstens zwei Flaschen lassen. Sie haben mich geschlagen, und meine Berta hat dabeigestanden und es mit ansehen müssen.«

»Sag ihm das mit den Hühnern«, warf Paul Kahlen ein.

Johannes Zavelberg machte eine müde Handbewegung. »Das weiß er doch. Jeder weiß es.«

Und er hatte recht. Jeder im Dorf wußte, daß Berta Zavelberg versucht hatte, zwei Flaschen vom Obstschnaps unter ihre Schürze zu schieben und sie draußen im Hühnerstall zu verstecken. Sie hatte es ihrem Johannes zuliebe versucht, weil sie gedacht hatte, daß sie abends eine Flasche hereinholen und ihm ein Glas einschenken könnte und daß es schön wäre, mit ihm am Tisch zu sitzen und sich ins Fäustchen zu lachen über die Dummheit der jungen Teufel. Und sie hatte sich auch darauf gefreut, daß ihm das zweite Glas die Wangen färben würde, weil sie ihn dann wieder leichter anschauen und sich einreden konnte, die Röte käme vom scharfen Schnaps und nicht von den Schlägen, die der Große ihm versetzt hatte, der mit den flakkernden Augen und dem kollernden Lachen.

Aber der Blonde war ihr draufgekommen, im Hühnerstall hatte er sie erwischt, als sie gerade die zweite Flasche verstecken wollte, und dann hatte er den Großen gerufen, und sie hatten es getan: den Hühnern den Hals herumgedreht, allen sieben, und zuletzt auch dem Hahn, der hatte noch versucht, ins Dachgebälk zu flattern. Lachend hatten sie es getan, und der Blonde hatte zu ihr gesagt: »Das ist die Strafe, Alte, weil du uns betrügen wolltest.«
Jeder im Dorf wußte das; es war eins von den Dingen, über die sie nicht reden wollten, denn sie schämten sich, daß sie es hingenommen hatten, wie so vieles andere auch.
»Mir haben sie die Büchse weggenommen«, sagte Josef Küppers, »das wißt ihr alle, die Repetierbüchse und das Weidmesser. Nur den Hirschfänger hab ich noch, der liegt oben auf dem Speicher. Aber ich werde ihn da nicht liegenlassen. Ich werde ihn holen und mithelfen, die drei zu vertreiben. Ich habe schon zu lange gewartet. Ich hätte ihn gleich in die Hand nehmen sollen, als sie das mit Ajax und Hektor getan haben.«
Mehr brauchte er nicht zu sagen, jeder im Dorf wußte, daß sie ihm die Hunde erschossen hatten, vor seinen Augen, auf dem Hof, mit seiner eigenen Büchse. Zwei gute Jagdhunde, solche bekam er nicht wieder; er war zu alt, sich an Welpen zu gewöhnen und sie an ihn. Er hatte die Kadaver noch nicht einmal verscharren können, sie lagen noch hinter dem Haus im Schnee vergraben, er mußte warten, bis der Boden nicht mehr so steinhart gefroren war.
»Sie haben uns viel weggenommen, uns allen«, sagte Paul Kahlen. »Zuviel. Siehst du das nicht ein, Georg Lanzerath?« Sein Blick glitt weiter zu dem Mädchen, das neben seinem Großvater saß, Kathrin, ein Kind von dreiundzwanzig Jahren, mit kastanienbraunem Haar, dieselbe Farbe hatte auch Georg Lanzeraths Haar früher gehabt. Ein schönes Mädchen, die Kathrin, fast schon eine junge Frau, dachte er. Und er fror unter der Haut, wenn er sich daran erinnerte, wie der Blonde, der mit dem Backenbart, die Kathrin immer ansah: mit einem gefährlichen Glitzern im Blick, das seine Gier verriet. Beinahe hätte er hinzugefügt: Paß auf, Georg Lanzerath, daß sie nicht auch zu dir ins Haus kommen und dir etwas wegnehmen, was dir noch mehr bedeutet, viel mehr als dem Josef Küppers die Hunde und der Berta Zavelberg die Hühner. Wenn sie kommen, wird es dir nichts helfen, daß du den Schlüssel im Schloß herumgedreht

und den Riegel vorgeschoben hast. Sie werden dir die Tür eintreten, und der Blonde wird tun, was er schon lange will, schon seit Dienstag.
Aber er sagte es nicht, er wollte dem blinden alten Mann nicht weh tun. Und er brauchte ihn nicht erst zu warnen, Georg Lanzerath wußte selber, was geschehen konnte, sonst hätte er die Tür nicht zugeschlossen und den Riegel nicht vorgeschoben, das war im Dorf nicht üblich.
»Wir müssen sie vertreiben«, sagte er statt dessen. »Es muß wieder Friede sein im Dorf. Wir müssen es um jeden Preis tun, und wenn es nicht anders geht, auch auf die Gefahr hin, daß Blut fließen wird.«
Emma Jaschob rutschte unruhig auf ihrem Stuhl. »Mein ist die Rache, spricht der Herr.«
»Aber es steht auch geschrieben: Auge um Auge, Zahn um Zahn«, sagte Wilhelm Honert.
»Bei Mose steht das geschrieben«, wandte Emma Jaschob ein. »Schade um Schade, Auge um Auge, Zahn um Zahn; wie er hat einen Menschen verletzt, so soll man ihm wieder tun. Aber unser Herr Jesus hat gesagt: Schlägt dich einer auf die rechte Wange, so halte ihm auch die andere hin.«
Johannes Zavelberg lachte bitter. »Mich hat er schon auf beide Seiten geschlagen, der Große. Ich hab ihm die linke Wange gar nicht erst hinhalten müssen.«
Georg Lanzerath klopfte mit dem Stock auf die rauhen Holzdielen, bis Stille eintrat. »Es hat keinen Zweck, daß ihr euch Sprüche aufsagt. Die Bibel kennt ihr seit Kindertagen. Emma Jaschob...« Ein flüchtiges Lächeln spielte auf seinen rissigen Lippen. »Emma Jaschob kennt sie ein bißchen genauer als wir anderen. Aber wir kennen sie auch, und sie hat uns seit Kindertagen nicht davon abgehalten, Böses zu denken und zu tun, wie sie uns auch nicht dazu gebracht hat, Gutes zu tun, obwohl wir wußten, daß wir es tun sollten. Warum sagt ihr euch also Sprüche auf, wenn sie euch doch nichts bedeuten? Ich bin blind, aber ich kann hören, was ihr sagt, und ich weiß, was ihr denkt, die meisten von euch. Wir werden es halten, wie wir es immer gehalten haben. Jeder gibt seine Stimme, und sind es mehr, die mit Ja stimmen, dann werden die anderen sich fügen.«
Er schaute in die Runde, seine blinden Augen trafen sich mit dem Blick der Frauen und Männer, nicht ein einziges Mal tasteten sie ins Leere, zuletzt richtete er sie auf Paul Kahlen.

»Sag uns zuerst, was du dir ausgedacht hast, Paule.«
Paul Kahlen atmete tief durch, er mußte die Erregung niederkämpfen, die ihn fortreißen wollte. Der Augenblick war gekommen, seit Tagen hatte er daran gedacht, fast an nichts anderes mehr. Aber sie sollten nicht merken, wie es in ihm fieberte, er wollte sie nicht wissen lassen, daß er an Rache dachte, während er von Gerechtigkeit redete.
»Wir müssen es tun, wenn die drei im Haus sind«, sagte er, »in der Nacht, während sie schlafen. Emma Jaschob wird uns die Seitentür aufschließen. Zuerst müssen wir in die Wohnstube gehen, dort schläft der Große, hat Emma gesagt. Es muß schnell gehen und lautlos, damit sie oben nichts merken.«
»Ich werde das tun.« Josef Küppers hob die Hand, seine Stimme zitterte nicht. »Ich werde den Hirschfänger nehmen.« Er sah die anderen nicht an, während er es sagte, nur, als er Theresa seufzen hörte, wandte er kurz den Kopf zu ihr.
»Danach müssen wir nach oben gehen«, fuhr Paul Kahlen fort. »Der Schwarzhaarige hat die Repetierbüchse im Zimmer. Es muß so schnell gehen, daß er nicht danach greifen kann. Ich denke, Johannes Zavelberg, Wilhelm Honert und ich werden zusammen mit ihm fertig werden. Danach ist es mit dem Blonden nicht mehr schwierig.«
Georg Lanzeraths Hände verkrampften sich um den Stock. Sie haben schon alles abgesprochen, dachte er wieder, sie haben es sogar unter sich aufgeteilt.
»Und die anderen?« fragte er. »Es sind noch zwei Fremde im Haus, der Mann und die junge Frau.«
Paul Kahlen ließ sich Zeit, ehe er antwortete. »Das kommt darauf an, wie sie sich verhalten. Wenn sie sich gegen uns stellen...« Er ließ den Satz in der Luft hängen, er mußte nicht weiterreden, jeder verstand ihn auch so.
»Sie werden sich nicht gegen uns stellen«, sagte Georg Lanzerath. »Der Fremde war bei mir im Haus, er hat von sich aus gesagt, daß wir uns wehren müssen und daß er uns helfen will. Aber es geht darum, was hinterher sein wird. Nehmen wir an, sie verlassen das Dorf am Montag, der Mann und die junge Frau. Sie sind sogar mit uns einig, sie glauben, daß wir recht gehandelt haben. Aber dann kommen sie nach Rodersfelden und noch weiter, dahin, wo sie zu Hause sind. Wenn sie erst wieder in der Welt da draußen sind, werden sie es sich anders überlegen. Sie werden denken, daß sie nicht schweigen dürfen.

Und dann kommen die Gendarme ins Dorf und stellen uns Fragen. Was wird dann, Paule?«
Paul Kahlen zuckte die Achseln. »Wir sagen, wir wissen von nichts. Wenn wir alle es sagen, müssen sie uns glauben. Die Fremden haben sich die Geschichte nur ausgedacht, sagen wir.«
Georg Lanzerath schüttelte den Kopf. »Du vergißt, daß die Haustür aufgebrochen ist.«
»Die können wir reparieren«, sagte Paul Kahlen. »Wilhelm Honert und ich machen das. Keiner wird etwas merken.«
»Und das Auto?« fragte Georg Lanzerath. »Sie haben das Auto in der Garage stehen. Willst du es eingraben? So tief kannst du das Loch gar nicht schaufeln, auch wenn der Boden nicht mehr gefroren ist.«
Paul Kahlens Füße scharrten über die Dielenbretter. Er wußte nicht, was er antworten sollte. Das Auto... daran hatte er bisher nicht gedacht.
»Wir schieben es bis zur Katzbachbrücke«, sagte Johannes Zavelberg. »Dort kippen wir es in die Schlucht. Dann laden wir die drei auf den Karren und werfen sie hinterher. Es wird aussehen, als wären sie mit dem Auto in die Schlucht gestürzt.«
»Und der eine hat sich vorher mit einem Hirschfänger erstochen, der andere hat sich mit der Repetierbüchse erschossen, und der dritte hat sich erwürgt – oder was weiß ich, was ihr mit ihm tun wollt.«
Die Köpfe fuhren herum, alle starrten Kathrin an. Aber diesmal dachten sie nicht, es wäre ungehörig, daß sie sich eingemischt hatte, die jüngste von allen, ein Kind noch. Sie kamen nicht dazu, so etwas zu denken, weil sie schon mit der Einsicht beschäftigt waren, daß Kathrin recht hatte.
Sie schwiegen ratlos, und je länger sie schwiegen, desto mehr wuchs ihre Wut, weil sie schon so dicht davor gewesen waren, eine Lösung zu wissen.
Georg Lanzerath klopfte wieder mit dem Stock auf die Dielenbretter, obwohl es diesmal gar nicht nötig gewesen wäre, sie schwiegen ja schon alle.
»Die Schlucht ist tief«, sagte er. »Wer dort hinunterstürzt, liegt zerschmettert unten auf den Felsen. Es kann lange dauern, bis jemand die Toten und das Auto findet, viele Jahre lang. Auf der alten Straße fährt ja niemand. Wann kommt schon jemand in die Katzbachschlucht oder auch nur bis zur Brücke?«

Alle Augen waren auf Georg Lanzerath gerichtet. Die Frauen und Männer verstanden nicht, was der blinde alte Mann ihnen sagen wollte. Sie warteten ungeduldig darauf, daß er weitersprach,

»Die Zeit wird die Spuren verwischen«, sagte Georg Lanzerath. »Und wenn irgendwann nach vielen Jahren jemand drei Tote dort unten findet, vermodert und verwest, oder auch nur ausgebleichte Gerippe, wer weiß... Wer will dann noch sehen, daß es ein Stich mit dem Hirschfänger war oder eine Kugel? Nur, es ist, wie du gesagt hast, Paule, es kommt darauf an, wie sich die Fremden verhalten. Es wäre gut, wenn wir ihnen zureden könnten, vorher das Dorf zu verlassen. Dann wüßten sie nichts und müßten sich, wenn sie wieder zu Hause sind, nicht fragen, ob sie schweigen dürfen.«

»Wie sollen wir ihnen zureden, das Dorf zu verlassen?« fragte Paul Kahlen. »Der Schnee ist noch zu tief. Und je länger die Sonne drauf scheint, desto schwerer sinkt er in sich zusammen. Vor Montag können sie nicht weggehen, und auch dann nur mit Schneeschuhen. Aber ich glaube nicht, daß die drei ihnen Schneeschuhe herausgeben. Und ich will auch nicht bis Montag warten.«

»Der Gedanke, daß sie in der Schlucht liegen werden, gefällt mir nicht«, sagte Josef Küppers, »ich hätte sie lieber neben meinen Hunden verscharrt, die sie mir erschossen haben. Aber wenn es schon am besten ist, sie in die Katzbachschlucht zu stürzen, was macht es dann aus, wenn fünf Tote dort unten liegen?«

Emma Jaschob stieß empört aus: »Wenn ihr das Blut Unschuldiger vergießt, wird euch der Frevel nie vergeben werden.«

»Ja«, sagte Georg Lanzerath, »du versündigst dich, Josef.« Seine knorrigen Hände schmiegten sich um den Stock, das Holz war warm und trug einen Schimmer, den der Schweiß seiner Hände auf den Knauf poliert hatte. »Es hat, glaube ich, keinen Zweck, mit ihnen zu reden und sie zu bitten, daß sie schweigen. Sie werden nicht verstehen, warum wir es tun wollen, sie haben ja nicht mit uns gelitten. Darum sage ich euch, es ist am besten, wenn wir bis Montag warten. Vielleicht müssen wir es dann gar nicht mehr tun, weil sie von selber gehen.«

Paul Kahlens Gesicht verzerrte sich. »Du bist schlau, Georg Lanzerath, du willst uns hinhalten. Aber wir werden nicht warten. Wir sind uns einig, daß wir nicht länger warten wollen,

Wilhelm Honert und Johannes Zavelberg und Josef Küppers und ich. Noch heute nacht werden wir es tun, und was dann mit dem Mann und der jungen Frau wird, das findet sich hinterher. Wir haben genug geredet, wir wollen jetzt abstimmen.«
»Nein«, sagte Emma Jaschob, und es kümmerte sie nicht, daß wieder alle zu ihr hinsahen, mißbilligend, weil es ungehörig war, daß sie sich einmischte. »Nein, heute nacht werdet ihr es nicht tun. Es ist bald Mitternacht, dann beginnt der Sonntag, der Tag des Herrn. Da werdet ihr kein Blut vergießen.«
Paul Kahlen hob die Augenbrauen und sah Emma Jaschob streng an, diesmal wollte er es ihr nicht durchgehen lassen. »Seit wann hast du uns zu sagen, was wir tun werden?«
Sie wich seinem Blick nicht aus. »Ohne mich könnt ihr es nicht tun. Ich habe den Schlüssel, ich muß euch die Seitentür aufschließen. Und am Tag des Herrn werde ich nicht zulassen, daß Blut fließt.«
Paul Kahlen sah sie lange an, dann, als er erkannte, daß sie nicht nachgeben würde, hob er müde die Schultern. »Morgen nacht«, sagte er, »eine halbe Stunde nach Mitternacht.« Und es klang wie Hohn, als er für Georg Lanzerath hinzufügte: »Dann hast du auch deinen Willen gehabt, es wird schon Montag sein, wenn wir es tun.« Es war nicht recht, daß er den blinden alten Mann verspottete, er wußte, daß der es anders gemeint hatte. Darum war es wie eine Bitte um Verzeihung, als er fragte: »Sollen wir jetzt abstimmen, Georg Lanzerath?«
Der Blinde nickte. »Wie wir es immer gehalten haben. Paul Kahlen sagt, daß es morgen nacht geschehen soll, eine halbe Stunde nach Mitternacht. Wer mit Ja stimmen will, steht auf.«
Die vier Männer standen zugleich auf, Wilhelm Honert, Johannes Zavelberg, Josef Küppers und Paul Kahlen. Danach stand Marthe Bürvenich auf und neben ihr Berta Zavelberg, Anna Honert war die nächste, und daß Theresa einen Augenblick zögerte, lag nur an dem Schmerz, der ihr durchs Bein zuckte, bis ins Hüftgelenk hinauf. Sie spürte auch wieder das Ziehen in der Brust, das ihr angst machte, und fragte sich, wie lange es wohl noch gutgehen würde und was Josef ohne sie anfangen sollte.
Georg Lanzerath stand nicht auf, auch Kathrin nicht und Emma Jaschob. Niemand wunderte sich, so hatten sie es alle erwartet. Aber auch Mathilde Kahlen blieb sitzen, obwohl Pauls Augen sie zuerst zwingen wollten und dann bettelten.

Paul Kahlens Stimme klang rauh, die anderen hörten den Ärger heraus über den Ungehorsam seiner Frau. »Acht haben mit Ja gestimmt, vier mit Nein«, sagte er zu Georg Lanzerath.
Der blinde alte Mann stand auf. Er hatte sich schon halb zur Tür gewandt, als er sagte: »Wie wir es immer gehalten haben: wir werden es gemeinsam tun, jeder nach seinen Kräften. Morgen nacht, eine halbe Stunde nach Mitternacht.«

13

Werner Henze konnte den Schmerz nicht länger ertragen, die Holzscheite drückten gegen seine Knie, es kam ihm vor, als schnitten die scharfen Kanten tief ins Fleisch, der Rücken war verspannt, die Muskelstränge in den Oberschenkeln verkrampften sich, das taube Gefühl in den Unterarmen – fast wie eine Lähmung – wurde immer stärker. Aber es hatte keinen besseren Platz gegeben, oder er hatte ihn eben nicht entdeckt, hier auf dem Holzstapel hinter Paul Kahlens Haus hatte er sich verkrochen, weit nach vorn gebeugt, das Gesicht fast gegen den hölzernen Klappladen gepreßt, um nichts von dem zu verpassen, was sie drin redeten.
Es ist wichtig, hatte er anfangs gedacht, weil ich dadurch endlich erfahre, was im Dorf geschehen ist – seit fünf Tagen, seit Dienstag, als es hier oben angefangen hat zu schneien. Jedes Wort ist wichtig, hatte er gedacht, es geht um Gewalt und um Haß und um Gegengewalt, vielleicht sogar um das Leben der drei jungen Männer.
Doch dann hatte er begriffen, daß es auch um ihr Leben ging: um Gelis Leben und um seines.
Als er sich aus dem Haus geschlichen hatte, aus dem Haus der Düsseldorfer, hatte er noch geglaubt, er könne vielleicht eingreifen, wenn er rechtzeitig wüßte, was sie im Dorf planten. Wie ein Spiel war es ihm vorgekommen, wenn er auch begriffen hatte, daß es kein fröhliches Spiel sein konnte, dafür gab es zuviel Hohn und Verachtung und Wut und Haß – aber eben doch eine Art Spiel, weil er sich als Zuschauer fühlen konnte; es ging ihn im Grunde nichts an, er hatte nichts damit zu tun, nicht mit den Grausamkeiten der jungen Männer und nicht mit dem Haß der alten Leute. Es war wie ein Abenteuer, unwirklich und abstrus, so wie ihm die Landschaft unwirklich vorkam und die

alte Straße, die nirgendwohin führte, und dieses vergessene Dorf, in dem es nur fünfzehn Häuser gab, ein paar davon unbewohnt, und die alten Leute, die sich nicht versöhnen wollten mit dem, was eine neue, unverstandene Zeit ihnen angetan hatte.

Vorhin, als er auf den Holzstapel gekrochen war, hatte er sogar gelächelt. Mein Gott, hatte er gedacht, wenn mich einer von meinen Bekannten so sähe – oder gar einer von den Angestellten in meinem Büro... Dr. Werner Henze, Unternehmensberater, schleicht nachts durch einen Weiler irgendwo am Ende der Welt, kriecht auf einen Haufen Klafterholz, Bauern will er belauschen – ach was, alte Frauen und Männer, denen nichts geblieben ist, als von vergangenen Zeiten zu träumen, in denen sie noch Kraft genug hatten, Bauern zu sein... Einmischen will er sich, der Dr. Henze, nur ja nichts versäumen von einem bizarren Abenteuer, von dem er mehr ahnt als weiß, dabeisein will er und zuschauen, aber aus sicherer Entfernung, um zur richtigen Zeit entscheiden zu können, ob er sich heraushalten oder vielleicht doch eingreifen sollte – im Namen der Vernunft und der Einsicht und der Gerechtigkeit.

Jetzt lächelte er nicht mehr, sein Gesicht war verzerrt vom Schmerz in den Knien und in den Oberschenkeln und im Rükken und in den Unterarmen. Er dachte nur noch daran, daß er unbemerkt hier wegkommen und zurück ins Haus schleichen mußte, weil er kein Zuschauer mehr war, sondern einer, der sich nicht mehr herausstehlen konnte aus dem Plan der alten Leute. Sie hatten abgestimmt, nur, ob es drei oder fünf Tote sein sollten, darüber wollten sie später entscheiden.

Sie mußten weg, Geli und er, noch heute nacht. Sie mußten um ihr Leben rennen.

Der Schmerz war unerträglich, Henze konnte nicht länger auf dem Holzstapel knien, die Schneekälte war längst durch den Stoff der gefütterten Hose gedrungen, zwischen dem Schienbein und dem Knie fühlte die Haut sich schon ganz taub an. Vorsichtig schob er sich nach links, suchte Halt mit dem Fuß, er mußte leise sein, die da drin in Paul Kahlens Wohnstube durften nichts merken. Sie waren noch nicht gegangen, nicht alle jedenfalls, er hörte noch Stimmengemurmel und Stühlerücken und scharrende Schritte. Und er hangelte immer noch mit dem Fuß in der Luft, suchte einen Holzscheit, auf dem er sich abstützen konnte.

Er zuckte zusammen, als der Stiefel über das Holz rutschte, rauh und viel zu laut. Er erstarrte atemlos, und er hörte, daß es auch drin im Haus still wurde, in Paul Kahlens Stube.
»Was war das?« hörte er jemanden fragen, eine von den Frauen. Endlos reihten sich Sekunden aneinander, bis er endlich Paul Kahlen sagen hörte: »Das war nur der Kater, er streicht wieder ums Haus.«
Henze blieb liegen, die Schneekälte machte ihm nichts mehr aus, er umklammerte das Klafterholz, es war wie eine Umarmung. Er reckte den Kopf, starrte in den Nachthimmel hinauf; ein klarer Sternenhimmel war es, unendliche ferne Schönheit. Als Kind habe ich in Winternächten so hinaufgestarrt, fiel ihm ein, und gedacht, daß irgendwo da oben der liebe Gott sein müßte, und versucht es zu glauben, weil es doch so viele gab, die immer wieder sagten, daß er da oben wäre, der Pfarrer und meine Mutter und vor allem Tante Margarete, die sagte es dauernd, und gehofft habe ich, daß er wirklich dort wäre, da oben im Sternengewimmel, und mich sehen könnte und alles wüßte, was ich denke, und zugleich habe ich Angst gehabt, denn wenn er wirklich dort oben war und alles sah und alles wußte, dann mußte er auch wissen, wie viele Zweifel es gab bei meinem Versuch, an ihn zu glauben.

»Du hast getrunken«, sagte der Schwarzhaarige scharf, als Karli endlich die Haustür öffnete. »Du stinkst nach Fusel, daß es einem den Magen rumdreht. Ich hab mich schon gewundert, was du so lange rumzufummeln hast.«
»Das Vorhängeschloß ist zu klein, ich hab den Schlüssel nicht reingekriegt«, sagte Karli. Und um Rüdiger abzulenken, fragte er: »Alles erledigt? Wo habt ihr's gemacht, bei ihm am Hoftor?«
Artur kicherte. »Nein, am großen Baum. So, genauso.« Er stellte sich breitbeinig hin, reckte die Arme nach oben, die Fingerspitzen berührten fast die niedrige Dielendecke, dann drückte er das Kinn auf die Brust, ließ die Zunge heraushängen und glotzte mit verdrehten Augen nach oben. Als er wieder zu lachen anfing, tropfte ihm schleimiger Speichel aus dem Mund. Das Lachen wurde lauter, klang auf einmal schrill, aber sogar Rüdiger brauchte lange, bis er die Tränen in den Augen seines Bruders sah und begriff, daß Artur weinte. »Was ist denn, Artur? Was hast du denn?« fragte er besorgt.

»Die Katze...«, stammelte der Große.
Rüdiger fischte sein Taschentuch heraus, tupfte dem Bruder über die Augen und wischte ihm den Speichel vom Mund. »Denk nicht mehr daran. Du hast es doch für mich getan, um mir zu helfen. Und das macht dir Freude, wenn du mir helfen kannst, nicht wahr?« Er wandte sich lächelnd zu Karli um. »Du hättest sehen sollen, wie glücklich er war.« Aber als er Karlis starren Blick sah, erstarb ihm das Lächeln.
»Warum er bloß immer so sabbern muß!« murmelte Karli, das Gesicht vor Ekel verzerrt.
Die Augen des Schwarzhaarigen wurden hart. »Sei vorsichtig mit dem, was du sagst, auch wenn du getrunken hast. Mein Bruder ist krank. Ich will nicht, daß du ihn so verächtlich anguckst. Was mit ihm los ist, hast du vorher gewußt. Wenn du dich vor Artur ekelst, hättest du ja nicht mitkommen müssen.«
Karli hob die linke Hand, in der er die Schnapsflasche trug, um den Hals gefaßt hielt er sie, setzte sie an die Lippen und trank in großen, glucksenden Schlucken. Und als er mutig genug war, grinste er den Schwarzhaarigen an. »Ich werd doch noch sagen dürfen, daß er sabbert, oder? Ich sag ja schon nicht mehr, daß er ein altes Schwein ist, das hast du mir ja verboten.«
»Sei vorsichtig«, wiederholte Rüdiger. »Es könnte sein, daß ich mir noch etwas ausdenke, was Artur Spaß macht.«
»Ja doch, ja«, sagte Karli, »du bist immer so stark, weil dein Bruder so stark ist.«
Rüdiger lächelte nachsichtig. »Hör auf zu trinken, gib mir die Flasche.«
»Nein«, sagte der Blonde und schob die linke Hand hinter den Rücken. »Nein, herumkommandieren laß ich mich von dir nicht. Der große Boß will nicht, daß ich zu der niedlichen Kleinen im Dorf gehe, also muß Karli gehorchen, denn der große Boß hat einen starken Bruder. Der große Boß gönnt mir nicht, daß ich ein bißchen an der blonden Geli rumgrapsche, er will lieber selber tätscheln, und Karli muß schön die Schnauze halten, denn der große Boß hat seinen starken Bruder dabei. Und jetzt will der große Boß mir die Flasche wegnehmen, was? Und wenn ich nicht gehorche, sagt er seinem starken Bruder, er soll mich hauen, he? Leck mich am Arsch, großer Boß, ich weiß selber, wieviel ich vertragen kann, und wenn ich saufen will, saufe ich!«
»Geh schon ins Wohnzimmer, Artur«, sagte Rüdiger, »leg dich

schlafen. Das war heute ziemlich viel für dich, du bist bestimmt müde.« Er zog hinter dem Großen die Tür zu, dann stellte er sich vor Karli auf und hielt mit seinem Blick die Augen des Blonden fest. »Du redest Unsinn, Karli«, sagte er sanft. »Ich habe noch nie versucht, den Boß zu spielen. Und ich sag dir auch nicht, was du tun und lassen sollst. Aber wenn du Dummheiten machst, die für uns alle gefährlich werden können, dann kann ich nicht einfach zusehen. Was du mit der Kleinen im Dorf vorhattest, wäre so eine Dummheit gewesen. Wir hätten alle gegen uns gehabt, die Weiber und die alten Männer. Mit Dreschflegeln wären sie auf uns losgegangen, mit Sägen und Brecheisen und – was weiß ich, mit bloßen Händen hätten sie uns notfalls angegriffen.«
»Na und?« fragte Karli trotzig.
»Na und!« äffte der Schwarzhaarige ihn nach. »Das ist das Problem mit dir! Du hast nur im Kopf, wie du's mit einem Mädchen treiben kannst, und wenn dich keine ranläßt, säufst du dir den Rest Verstand aus dem Hirn. Denk doch mal nach! Wenn sie uns angreifen, müssen wir uns wehren, und wenn Artur richtig hinlangt... Kapierst du's endlich? Wenn einer von denen nicht mehr aufsteht, weil Artur zu fest zugeschlagen hat, ist es aus mit dem Spaß. Ein Toter ist ein Toter zuviel, weil es dann elf Zeugen gibt – und den Henze und sein Mädchen dazu. Dreizehn Zeugen, die unsere Vornamen wissen und gegen uns aussagen und der Polizei unsere Beschreibung geben und erzählen können, daß wir mit einem sandfarbenen Landrover hier waren.«
Karli stierte ihn an. »Das sag ich ja schon lange. Sie können uns auch so anzeigen, vor allem der Henze.«
»Gar nichts können sie«, sagte der Schwarzhaarige. »Hast du einen im Dorf geschlagen? Ich auch nicht. Es war immer Artur, mein armer kranker Bruder, wir beide haben es nicht jedesmal verhindern können. Artur können sie nichts wollen, verminderte Zurechnungsfähigkeit, das haben wir schriftlich. Und alles andere – die Haustür und die paar Lebensmittel und sogar die Hühner, das läßt sich mit Geld in Ordnung bringen. Ach ja... da bleiben noch die beiden Hunde. Aber die wollten uns angreifen, das können wir gegenseitig bezeugen, es war Notwehr. Und den materiellen Schaden wollen wir ja gern wiedergutmachen. Meine Güte, du dreihundert Mark und ich dreihundert, dein Vater hat's und meiner auch. Du wirst sehen, wenn wir ihnen am Schluß, ehe wir wegfahren, sechshundert Mark

geben, werden sie uns die Füße küssen. Die werden uns nicht anzeigen, die sind froh, daß sie wieder allein sind in ihrem Altersheim und Geld in der Tasche haben. Nur, du darfst dem Mädchen nichts tun, der Kathrin, hoffentlich hast du das endlich kapiert.«
»Und was ist mit der anderen, mit Geli?«
Rüdiger lächelte mit schmalen Lippen. »Da stehen wir sozusagen in Konkurrenz, und der Henze hat vielleicht auch ein Wort mitzureden. Freie Jagd, bis Montag haben wir Zeit. Vielleicht schafft's einer von uns beiden, vielleicht auch nicht. Aber...« Das Lächeln verschwand. »Aber ohne Gewalt, das gilt für Geli und für Kathrin. Darum will ich ja nicht, daß du so viel trinkst, du mußt einen klaren Verstand behalten.«
Der Blonde grinste. »Sag mal ehrlich, Rüdiger, du hörst dich gern reden, wie? Was machst du denn, wenn ich dir die Flasche nicht gebe? Weckst du deinen großen Bruder?«
Einen Augenblick stand der Schwarzhaarige unschlüssig, dann drehte er sich achselzuckend um, ging auf die Treppe zu und sagte über die Schulter zurück: »Mach, was du willst. Ich habe dich gewarnt. Von mir aus sauf, solange du willst. Aber bleib vom Wohnzimmer weg und stell nicht wieder das Radio an. Ich will nicht, daß Artur gestört wird.«
Karli brachte die Flasche hinter dem Rücken hervor, wollte sie schon an die Lippen setzen, doch dann murmelte er erst noch: »Mach ich, großer Boß. Ich setz mich in die Küche. Die Alte ist noch nicht da, ich warte, bis sie kommt, und frag sie, wo sie so lange gewesen ist.« Er trank gierig und schnell, sein Adamsapfel hüpfte. »Aber du denkst ja, wir könnten sie ruhig laufenlassen«, murmelte er hinter dem Schwarzhaarigen her. »Ich sag dir, du machst auch deine Fehler, Rüdiger.«

Henze kam ans Dielenfenster, er war sicher, daß ihn niemand gesehen hatte. Nur die Spuren im Schnee hätten ihn verraten können, weil er sich nicht getraut hatte, von Paul Kahlens Haus zurück zur Straße zu gehen, dort konnten noch ein paar von denen unterwegs sein, die nach der Abstimmung eine Weile geblieben waren. Also war er hinter den Häusern durch den Schnee gegangen, da, wo der Hang in der Bodenfalte auslief; er hatte eine frische Spur getreten – von Paul Kahlens Haus zum Haus der Düsseldorfer, bis zum Dielenfenster.
Die Spur machte ihm keine Sorgen, der Schnee war nicht mehr

so weich und tief wie gestern nacht, er klebte wie ein schweres nasses Laken auf dem Boden, so schnell hatte das die Sonne geschafft, an einem halben Tag nur, vom späten Vormittag bis nachmittags gegen fünf. Noch ein Tag Sonne, dachte Henze, ein halber Tag, verbesserte er sich, dann müßten wir es bis ins nächste Dorf schaffen.
Und dann dachte er erschrocken: Nein, mein Gott, wo habe ich nur meine Gedanken? Es gibt keinen Tag mehr, nicht einmal einen halben. Wir müssen weg, noch heute nacht, wir müssen um unser Leben rennen, ehe es zu spät ist.
In der Küche hatte er Licht schimmern sehen. Ob Emma Jaschob schon zurück war? Er mußte sehr leise sein, wenn er durchs Fenster kroch, und auch nachher auf der Treppe. Und er mußte Geli einschärfen, daß sie ja keinen Lärm machte. Die Zimmertür durfte nicht klappen, keine einzige Treppenstufe durfte knarren, nichts durfte poltern oder rumpeln. Hier würde keiner die anderen beruhigen und sagen: Das war nur der Kater, er streicht wieder ums Haus.
Auch oben im Zimmer an der Nordseite brannte noch Licht, natürlich, Geli war wach und wartete auf ihn. Sie hatte seinen Zettel gelesen und nichts verstanden, sie wartete auf ihn und darauf, daß er ihr alles erklärte. Es war schon die zweite Nacht, in der er sie warten ließ, gestern im Auto, oben an der alten Straße, und heute in diesem fremden Haus, in einem Dorf, das so friedlich im Schnee lag. Aber der Schnee war nicht mehr wie gestern, und auch das, was er gestern für Frieden und Geborgenheit gehalten hatte, sah er jetzt ganz anders, er wußte es besser. Nur Geli wußte noch nichts, sie war ahnungslos, weil er sie ahnungslos gelassen hatte. Das heißt, nachdem sie seinen Zettel gelesen hatte, fing sie vielleicht an, etwas zu ahnen. Bestimmt wartete sie voller Ungeduld und auch schon mit beginnender Angst.
Ich darf mir nicht zuviel Zeit nehmen, um ihr alles zu erklären, dachte er, während er sich hochstemmte und den Fensterrahmen aufdrückte. Nur, daß wir in Gefahr sind, muß ich ihr sagen, daß es um unser Leben geht.
Sie wird mir nicht glauben wollen, ging es ihm durch den Kopf, während er durchs Fenster stieg, die Beine nach innen schwang, die Füße vorsichtig auf den Boden setzte und den Fensterrahmen hinter sich zudrückte. Sie wird sich nicht zufrieden geben, wenn ich mich auf Andeutungen beschränke. Sie

wird Fragen stellen und auf Antworten warten, natürlich, sie weiß ja noch gar nichts. Ich habe ihr nicht erzählt, daß ich bei Georg Lanzerath und Kathrin war, und von dem, was Theresa Küppers und Emma Jaschob in der Küche geredet haben, habe ich ihr nichts erzählt, auch nichts davon, daß die Frauen und Männer in Paul Kahlens Haus zusammengekommen sind, daß sie abgestimmt haben, acht mit Ja und vier mit Nein, und sie weiß erst recht nicht, daß Paul Kahlen gesagt hat: Was dann mit dem Mann und der jungen Frau wird, das findet sich hinterher.

Es ist meine Schuld, dachte er, ich habe es immer vor mir hergeschoben, genau wie die Entscheidung zwischen Susanne und Geli, ich mache immer alles falsch.

Nein, korrigierte er sich, es war nicht alles falsch. Es war richtig, daß ich das schwarze Band unters Fenster geklebt und draußen im Schnee die Schneeschuhe versteckt habe und daß ich zu Paul Kahlens Haus gegangen bin und rechtzeitig in Erfahrung gebracht habe, was sie vorhaben. Ich habe nicht nur lauter Fehler aneinandergereiht, und wenn Geli Vertrauen zu mir hat, können wir es schaffen, es ist noch nicht zu spät.

Er war bis zur Treppe gekommen, den Parka hatte er aufgeknöpft, die Stiefel trug er in der Hand. Er hatte nicht gehört, daß hinter ihm die Tür geöffnet wurde, die Verbindungstür zur Küche, die Schritte hinter der Tür hatte er nicht gehört und nicht das leise Knirschen, als die Klinke heruntergedrückt wurde. Das erste, was er hörte, war die Stimme, Karlis Stimme.

»Ich dachte, Sie schlafen schon, Herr Doktor Henze«, sagte der Blonde. Er lallte, die Zunge wollte ihm nicht gehorchen, er schwankte, hielt sich mit der rechten Hand am Türrahmen fest, mit der anderen hielt er den Flaschenhals umklammert. Es war eine weißwandige Flasche, fast leer, der Rest sah klar aus, klarer Obstschnaps. Henze dachte an flatternde Hühner und an einen Hahn, der noch ins Dachgebälk entkommen wollte. Aber dann dachte er daran, daß Karli keinen Lärm machen durfte, damit Rüdiger und Artur nicht aufwachten und Geli nicht oben unter der Tür erschien und fragte, was denn los wäre. Er stellte die Stiefel hin und versuchte ein Lächeln, er fürchtete, daß es eher eine Grimasse war.

»Haben Sie einen Schluck für mich übrig, Karli?« fragte er und wunderte sich, daß seine Stimme nicht zitterte.

»Natürlich, Herr Doktor, für Sie doch immer«, lallte der Blonde, er wagte es einen Augenblick lang, den Türrahmen loszulassen und einladend in die Küche zu zeigen. »Kommen Sie rein, die Alte ist nicht da, treibt sich noch irgendwo herum. Aber ich werd ihr schon was erzählen, wenn sie kommt. Ich trau ihr nicht, sie ist nicht so harmlos, wie Rüdiger denkt.«
Er wollte die Tür zuschlagen, Henze konnte gerade noch nach der Klinke fassen, den Schwung abbremsen und die Tür leise ins Schloß drücken.
»Hier, trinken Sie einen.« Der Blonde ließ sich auf einen Stuhl fallen. »Trinken Sie ruhig. Ich hab noch eine Flasche versteckt. Der große Boß weiß es nicht. Er muß ja nicht alles wissen. Er denkt sowieso, daß er alles weiß und alles zu bestimmen hat.« Er rülpste. »Aber mit mir macht er das nicht, nicht mit mir.«
Henze nahm einen Schluck, er erkannte den scharfen Geschmack wieder, es war das Zeug, das ihm gestern den Nebelschleier weggebrannt hatte.
»Nicht schlecht«, sagte er, der Schnaps wärmte ihn von innen auf. »Aber ich glaube, Sie sollten langsam damit aufhören, Karli, Sie haben schon genug davon.«
»Noch einer, der mir sagen will, was ich tun und lassen muß«, sagte der Blonde, es klang aggressiv.
»Ich wollte Ihnen nur einen Rat geben.«
»Ist ja schon gut, Herr Doktor Henze«, lallte Karli versöhnt.
»Soll ich Sie raufbringen auf Ihr Zimmer?«
»Nein«, sagte der Blonde, und wieder lag feindselige Abwehr in seiner Stimme, »nein, ich warte hier, bis die Alte kommt.«
»Vielleicht kommt sie heute nacht gar nicht? Kann doch sein, daß sie im Dorf schläft, sie hat ja bestimmt ihr eigenes Haus.«
Der Blonde glotzte, seine Augen schwammen, sekundenlang schienen sie zu kippen. »Wieso? Wieso kann sie im Dorf schlafen? Sie muß doch...« Er hatte Schwierigkeiten, er stockte, faßte nach der Flasche, die auf dem Tisch stand, langte daneben, versuchte es noch einmal, erwischte sie endlich und trank gierig. »Sie muß doch hier schlafen, damit sie uns nicht das Haus anzünden können.«
Henze wunderte sich nicht, er dachte nicht einmal: Aha, ihr habt also doch schon angefangen, etwas zu ahnen. Er hatte in dieser Nacht schon so vieles gehört, was ihm gestern noch unvorstellbar erschienen wäre. Er hatte aufgehört, sich zu wundern. Es ging ihm nur noch darum, den betrunkenen Kerl aus

der Küche zu schaffen und nach oben zu bringen, ins Bett, denn solange Karli hier unten saß und trank, konnte er mit Geli nicht aus dem Haus schleichen, das Risiko war zu groß.
Mitten in seine Gedanken hinein grinste der Blonde ihn an. »Wenn ich gewußt hätte, daß Sie noch nicht schlafen, Herr Doktor, wäre ich mal raufgegangen in ihr Zimmer.« So betrunken, daß ihm Henzes starrer Blick nicht auffiel, war Karli noch nicht. »Nur mal gucken, Herr Doktor, nur ein bißchen gucken«, sagte er schnell. »Ist doch nichts dabei, wenn ich mir die Kleine angucken will, oder? Niedlich ist sie, wirklich. Bloß ein bißchen jung für Sie, wie?«
Henzes Hände verkrampften sich um die Stuhllehne, bis die Knöchel weiß schimmerten. Er mußte sich zwingen, ruhig zu bleiben. Und er hatte schon so viel gelernt in dieser Nacht, daß ihm sogar ein Lächeln gelang.
»Sie waren schon mal oben, nicht wahr?« fragte er. »Sie wollten schon mal nur ein bißchen gucken, stimmt's?«
Der Blonde hörte zu grinsen auf, er starrte einen Augenblick mit halb offenem Mund. »Ach«, machte er dann, »hat sie's doch gemerkt und Ihnen erzählt? Ich dachte, sie schläft.«
Diesmal mußte Henze sich nicht zu einem Lächeln zwingen. »Sie hat nichts gemerkt. Sie haben sich selbst verraten, Karli. Sie sind der einzige, der ›Herr Doktor Henze‹ zu mir sagt, und das mit dem Doktor, das können Sie nur wissen, weil Sie die Nase in meine Papiere gesteckt haben.«
Karlis Gesicht wurde vor Verblüffung zur Fratze. Es war ihm deutlich anzusehen: er hatte die Worte gehört und verstanden, und jetzt dachte er nach.
Plötzlich fing er an zu lachen, es war fast wie Arturs dumpfes Kollern, aber schon nach den ersten Lauten schlug er sich erschrocken auf den Mund. »Psst! « machte er, »wir sollen nicht so laut sein, hat Rüdiger gesagt, sonst kann das Monster nicht schlafen.« Sein Kopf ruckte ein wenig, es sollte wohl eine Bewegung sein, mit der er hinüber zum Wohnzimmer zeigen wollte. »Schläft da drüben, das Monster. Soll uns alle bewachen.«
Das Grinsen erschien wieder auf seinem Gesicht. Er kann es an- und ausknipsen, als ob er einen Lichtschalter eingebaut hätte, dachte Henze.
»Sie sind schlau, Doktorchen, richtig schlau«, lallte der Blonde. »Vor Ihnen muß man sich in acht nehmen. Aber ich tu Ihrer Kleinen nichts, keine Angst. Freie Jagd, hat Rüdiger gesagt,

aber keine Gewalt. Und dann...« Er winkte Henze näher heran und senkte die Stimme zu einem vertraulichen Flüstern. »Die andere macht mich noch mehr an, die im Dorf, die Kathrin. Die hat noch so was Besonderes... so was Unschuldiges, verstehen Sie? Ist ja ganz schön, wenn die Mädchen freiwillig mitmachen, aber wenn man sie brechen kann... wissen Sie, was ich meine? Das ist das Schönste, wenn sie sich wehren wollen und doch nachgeben müssen.«

Henze atmete tief durch. »Soll ich Sie nicht doch lieber raufbringen in Ihr Zimmer?« zwang er sich zu fragen.

Der Blonde schüttelte störrisch den Kopf. »Ich warte hier, bis die Alte kommt. Ich hab noch eine Flasche versteckt. Ist mir egal, wie lange es dauert, ich warte.«

Dann muß es auch so gehen, dachte Henze. Wenn er so weitertrinkt, wird er sowieso nichts merken.

»Na gut, ich bin jedenfalls müde, ich geh schlafen«, sagte er. »Gute Nacht.«

Er hatte schon die Tür geöffnet und nach den Stiefeln gegriffen, als er den Blonden hinter sich lallen hörte: »Nacht, Doktorchen. Schlau sind Sie, das muß man Ihnen lassen.«

14

Geli hatte das Licht brennen lassen, aber sie schlief: auf die Seite gerollt, die Beine angezogen, den Nacken ein bißchen gekrümmt, als ob sie sich ganz klein machen wollte. Diesmal waren die Lippen nicht schmollend aufgeworfen wie heute morgen, sie sahen aus wie aufgebrochen, nur einen Spalt weit, und das kleine rosafarbene Etwas, das er zwischen ihren Lippen entdeckte, mußte die Zungenspitze sein. Sie erschien ihm wieder sehr zart, zerbrechlich und beschützenswert, schön wie alle schlafenden Kinder und verführerisch jung; aber betrachten konnte er sie ein andermal, jetzt war keine Zeit für Zärtlichkeit.

Er setzte sich auf den Bettrand, faßte sie an der Schulter und rüttelte sie sacht, sie sollte nicht erschrecken. »Geli, bitte wach auf, ich bin zurück.«

Sie öffnete verschlafen die Augen. Als er gerade dachte, nun hätte er ihr lange genug Zeit gelassen zu begreifen, sagte sie: »Ach ja, du warst ja weg.« Sie krümmte den Nacken noch ein

bißchen mehr, drehte den Kopf von ihm weg. »Erzähl mir morgen, was los war, ich bin so müde.«
»Nein«, sagte er rasch. Sie durfte nicht wieder einschlafen. »Morgen ist es zu spät. Wir müssen hier weg, jetzt gleich.«
Sie rührte sich nicht, lag ganz still, er fing schon zu zweifeln an, ob sie ihn überhaupt gehört hätte. Dann hob sie den Kopf, ihre Augen kamen ihm noch größer vor als sonst, aber er hätte jetzt nicht in ihren Augen ertrinken können, es war kein Platz darin, er sah, daß sie voller Erschrecken und ahnungsloser Angst waren. »Was ist? Weg? Mitten in der Nacht? Wieso denn?«
»Ich kann es dir jetzt nicht erklären, es würde zu lange dauern. Bitte, glaub mir, wir müssen weg. Die Leute aus dem Dorf werden kommen und alle töten, die drei jungen Männer und vielleicht auch uns. Sie wollen es nachts tun, während wir schlafen. Ich habe sie belauscht, unten im Dorf haben sie zusammengesessen und es beschlossen.« Daß sie es erst in der Nacht zum Montag tun wollten, verschwieg er, er war zu müde, darüber zu diskutieren, wieviel Zeit ihnen noch blieb.
Ihre Augen waren schon wieder viel kleiner geworden; gleich fallen sie zu, dachte er, und dann hörte er es in ihrer Kehle gurren, das Glöckchen schlug an. »Die alten Leute im Dorf wollen uns töten? Das glaubst du doch selber nicht, Werner.«
Er beugte sich vor. »Es ist aber so, sie haben darüber abgestimmt«, redete er auf sie ein. »Seit fünf Tagen geschehen hier schlimme Dinge, die drei tyrannisieren das Dorf.« Er seufzte, weil er nun doch viel mehr erklären mußte. »Sie spielen sich als Herren auf. Sie sind hier ins Haus eingebrochen und haben Emma Jaschob gezwungen, für sie die Dienstmagd zu spielen. Artur hat die Männer im Dorf geschlagen. Und die Hunde haben sie erschossen und die Hühner getötet. Alles, was wir hier essen und trinken, nehmen sie den Leuten im Dorf weg. Seit fünf Tagen geht das so, in fünf Tagen wächst viel Haß.«
Geli stützte sich auf dem Ellbogen hoch, sie lachte nicht mehr, aber sie sah auch nicht mehr erschrocken aus, nur ärgerlich. »Ich weiß nicht, wo du den Unsinn her hast. Und ich verstehe auch nicht, warum du mir Angst einjagen willst. Sie haben die Haustür aufgebrochen, sagst du? Natürlich, Rüdiger hat es uns ja erklärt. Karli ist zwar grob zu der alten Frau unten in der Küche, aber ich bin jetzt schon einen ganzen Tag hier, daß sie die Frau zu etwas zwingen, habe ich noch nicht gemerkt.«
Sie schien auf einmal nachdenklich zu sein, er hoffte schon, daß

auch ihr etwas eingefallen wäre, was ihr verdächtig vorkam. Doch dann merkte er, daß sie nur versucht hatte, sich zu erinnern, was noch alles in seiner Aufzählung vorgekommen war.
»Sie haben die Hühner getötet, ja? Und wieso haben wir dann frische Eier im Haus? Daß Artur jemanden geschlagen hat, glaube ich dir nicht. Er ist unheimlich stark, aber er ist ein lieber Kerl, der tut keinem was.«
Er nahm ihren Kopf in die Hände, zog ihn ganz dicht zu sich heran. »Geli, warum sollte ich dich belügen? Es ist mir ernst, es geht um unser Leben. Wir müssen weg, noch heute nacht. Ich habe Schneeschuhe für uns versteckt, und der Schnee ist auch nicht mehr so tief und so weich, wir können es bis zum nächsten Dorf schaffen.«
Er hätte sie gern umarmt, als er endlich den beginnenden Zweifel in ihren Augen las.
Doch dann sagte sie: »Selbst wenn alles stimmt... die Leute können uns gar nichts tun. An der Haustür hängt ein Vorhängeschloß, und Artur schläft unten, er würde es merken, wenn sie hereinkämen.«
»Du vergißt die Seitentür, von der ich heute mittag erzählt habe. Emma Jaschob hat den Schlüssel, sie wird die Männer heimlich hereinlassen.«
»Na also«, sagte sie. »Rüdiger hat den einen Schlüssel, und den anderen hat die alte Frau. Wie sollen wir dann rauskommen?«
Er erzählte ihr vom Dielenfenster, und daß sie leise sein müßten, sagte er ihr, weil Karli noch unten säße, betrunken zwar, aber man könne ja nicht wissen... Und weil er eben doch nicht ganz sicher war, ob sie ihm schon glaubte, fügte er hinzu: »Heute abend – das war nicht das erste Gespräch, das ich belauscht habe. Ich weiß schon seit gestern nacht, daß hier irgend etwas nicht stimmt. Aber daß wir in Gefahr sind, weiß ich erst seit heute. Sie haben gesagt, daß Blut fließen wird. Das haben sie wörtlich gesagt. Und sie wollen die Toten in eine Schlucht werfen, auch den Landrover. Danach geht es nur noch darum, was mit uns geschieht. Ich fürchte, sie werden es nicht riskieren, zwei Zeugen laufenzulassen.«
Gelis Augen waren wieder groß und voller Erschrecken, die Angst, die er in ihnen las, war jetzt von anderer Art, nicht mehr ahnungslos.
»Und das ist wirklich kein Spiel?« fragte sie.
»Mein Gott, ich werde doch mit so was keine Scherze treiben!«

sagte er. »Bitte, zieh dich rasch an. Und mach leise, sie dürfen nichts merken. Das Gepäck lassen wir hier, das können wir später holen. Da findet sich ein Weg, wenn der ganze Spuk erst vorbei ist.«
Geli wollte aufstehen, sie hatte schon die Füße auf den Boden gesetzt, da hörten sie draußen die Schritte: schwere stolpernde Schritte, das unsichere Poltern eines Betrunkenen, Karli kam die Treppe herauf.
Henze machte rasch das Licht aus. »Schnell!« flüsterte er. »Das ist unsere Chance, er sitzt nicht mehr unten.«
Fahles Licht fiel durchs Fenster, bleiches Schneelicht. Der Raum lag im Halbdunkel, Geli fand sich nur tastend zurecht, er half ihr.
Draußen hörten sie Karli an eine Tür hämmern. »Mach auf, großer Boß, ich muß mit dir reden«, lallte er. »Du bist nicht so schlau, wie du denkst, du weißt nicht alles.«
Henze hielt den Atem an. Bitte, Geli, beeil dich, dachte er. Es dauerte eine Weile, dann wurde draußen eine Tür geöffnet, er hörte Rüdiger unwirsch etwas fragen, danach heiseres Flüstern, dann wieder den Schwarzhaarigen: »Meine Güte, bist du besoffen! Komm erst mal rein, wenn du so nuschelst, kann ich dich nicht verstehen.« Die Tür klappte.
Geli war fertig, sie wollte gerade die Stiefel anziehen. Er faßte sie am Arm. »Das machen wir erst unten«, flüsterte er und deutete mit dem Kopf auf seine Stiefel, die er in der linken Hand trug.
Sie fragt nichts mehr, sie ist stumm geworden vor Angst, dachte er, während sie die Treppe hinunterschlichen, er voraus, sie dicht hinter ihm. Es ging alles sehr rasch, und es kam ihm dennoch so vor, als brauchten sie unendlich lange. Als er unten stand, schon das Dielenfenster für sie aufhielt und warten mußte, bis sie endlich in die Stiefel geschlüpft war, hätte er beinahe die Nerven verloren und sie angeschrien.
Draußen grub er nach den Schneeschuhen, das Weiß war schwer und klumpig geworden und schon ein bißchen schmutzig; sie mußten die geflochtenen Ovale nicht gleich anschnallen, erst, wenn sie den Dorfrand erreichten, so lange würde er sie in der Hand tragen. Über den Weg, den sie nehmen sollten, hatte er schon nachgedacht. Durchs Dorf zu gehen, statt einen Bogen über den Hang zu schlagen, war nicht ungefährlich. Hinter einem der Fenster konnte noch einer stehen, der keinen

Schlaf gefunden hatte, und wenn er sah, wie sie durchs Dorf gingen, zum Westrand hin, die Straße nach Rodersfelden, würde er begreifen, daß sie alles wußten. Aber das Risiko, daß sie vom Hang aus die Straße verfehlten und den einzigen Weg nicht fanden, der ihnen blieb, war noch größer. Also führte er Geli ums Haus herum auf die Straße und dann ins Dorf hinein. Er sah, daß oben in einem Zimmer Licht brannte, es mußte Rüdigers Zimmer sein.
Sie gingen schweigend, sehr hastig, zum Reden hatten sie Zeit genug, wenn das Dorf hinter ihnen lag und sie in Rodersfelden angekommen waren und später, wenn sie den 280er aus dem Schnee geholt hatten und heimfuhren und... Er brach den Gedanken ab, er wußte nicht weiter. Auch darüber, wie es weitergehen sollte, konnte er später nachdenken, viel später, in einem Monat oder in einem Jahr, wer weiß; freilich, irgendwann war es so weit, daß er die Entscheidung nicht länger vor sich herschieben durfte, Susanne würde die Entscheidung verlangen – oder Geli, oder beide.
Der Schnee klebte unter den Stiefelsohlen. Den schmalen Weg, den Henze heute morgen gegangen war, konnte er kaum noch erkennen, die aufgeschütteten Seitenwälle kamen ihm eingesunken vor, die Naht aus Schneehäufchen, die den Trampelpfad gesäumt hatten, war wohl schon in der Sonne geschmolzen. Aber vielleicht erschien ihm das auch alles nur so im diffusen Licht der Schneenacht, unter dem Sternenhimmel, der sich endlos dehnte.
Das erste Haus auf der rechten Seite... heute morgen hatte er geglaubt, sekundenlang ein Gesicht hinter der Fensterscheibe zu erkennen. Und dann das unbewohnte Haus, das so verwundet aussah, die Klappläden hingen schief in den Angeln, und über einem Fenstersturz im Obergeschoß war ein Stück aus dem Fachwerk herausgebrochen. Er erkannte alles wieder, das Dorf kam ihm schon vertraut vor, dieses verfluchte Dorf, das sich so friedlich in den tauenden Schnee duckte, die Häuser wie kauernde große Tiere, und hinter den Hausmauern lebten alte Leute mit faltigen Gesichtern und tiefen Runen auf der Stirn, und hinter jeder Stirn waren Gedanken an Mord verborgen, an drei Morde oder an fünf.
Sie kamen zu der Lücke, die zwischen dem zweiten und dem dritten Haus auf der rechten Seite klaffte, die alte Buche stand dort, ein wenig von der Schneelast hatten die Äste schon abge-

schüttelt. Es war wohl doch keine Krusebuch, dafür gab es zuviele düstere Geheimnisse im Dorf, es mußte eine Hexenbuche sein.

Als er es sah, verzögerte er unwillkürlich den Schritt, obwohl er das nicht wollte. Um Gottes willen, nein, er wollte es nicht, Geli sollte es nicht sehen, was er sah. Aber dann hörte er ihren halb erstickten Schrei und wußte, daß sie es auch schon gesehen hatte. Schau nicht hin, hatte er noch sagen wollen, doch es war schon zu spät. Sie standen beide und starrten auf den Stamm der Buche.

Der Kater hing wie gekreuzigt, die Hinterpfoten gespreizt und am Stamm festgenagelt, die Vorderpfoten hochgereckt, der Kopf war über der durchgeschnittenen Kehle nach unten gesackt, das graue Fell blutverschmiert.

Rüdiger und Artur waren ins Dorf gegangen, und Rüdiger hatte davon gesprochen, daß sein Bruder ihm helfen müsse. Paul Kahlens grauer Kater... Die Idee konnte nicht in Arturs krankem Gehirn gewachsen sein...

Er legte den Arm um Gelis Schulter, zog sie weiter, hastiger noch als vorher, und als sie ein paar Schritte gegangen und ein paar Atemzüge ruhiger geworden waren, sagte er leise: »Dreh dich nicht um, wir sollten nicht zurückschauen.«

Er hörte sie neben sich heftig atmen, das Tempo war ihr wohl zu schnell. »Wer hat gesagt, daß wir nicht zurückschauen sollten?« fragte sie keuchend.

Er antwortete nicht, er wollte ihr jetzt nicht die Geschichte erzählen, bei der es ihn schon in der Schule immer geschaudert hatte: als Gott das Land verderben wollte und Schwefel und Feuer über Sodom und Gomorra regnen ließ, Lots Weib aber nicht hören wollte, noch einmal zurückschaute und zur Salzsäule erstarrte. Es gab noch so vieles, was er ihr erzählen und erklären mußte, das hatte noch Zeit; wenn sie sich jetzt nur merkte, daß sie sich nicht umdrehen und nicht zurückschauen sollte, nicht mit den Augen und nicht mit den Gedanken.

Sie waren bis zum Dorfrand gekommen, die Straße lag vor ihnen, sie führte einen Hügel hinauf. Wieder eine Kuppe, hinter der ich ein Dorf finden will, dachte Henze, und er dachte auch: Wir haben es geschafft, irgendwann schafft man es immer.

Als er den hechelnden Atem hörte, ging ihm durch den Kopf, daß es unmöglich wäre, es gab keine Hunde mehr im Dorf, seitdem die jungen Männer Josef Küppers Hunde erschossen hat-

ten, und Wölfe gab es schon lange nicht mehr in der Gegend, sie hätten sich auch nicht bis in die Dörfer gewagt. Er zwang sich lange, nach vorn zu schauen; auch dem Lot hatte Gott verboten zurückzuschauen, nicht nur dessen Weib, erinnerte er sich. Und als er es nicht mehr aushalten konnte, weil das Hecheln immer näher kam und immer lauter wurde... als er rasch den Kopf wandte und über die Schulter zurücksah, wußte er, daß es doch noch Wölfe gab.
Sie waren zu zweit, Rüdiger und sein Bruder Artur, sie waren sehr schnell, schneller als er und Geli, sie hatten die Schneeschuhe schon angeschnallt. Es hätte keinen Zweck gehabt, ihnen davonlaufen zu wollen. Er faßte Geli am Arm und blieb stehen.
Artur war als erster bei ihnen, er kollerte sein glückliches Lachen, er sah aus, als hätte Rüdiger ihm wieder erzählt, daß er ihm helfen müsse. Dann war der Schwarzhaarige da, er fuhr sich mit dem Handschuh übers Haar, erst auf der linken Seite, als ob er den Scheitel glattstreichen wollte, dann rechts, wo ihm eine Strähne in die Stirn gerutscht war.
»Ich wundere mich, Herr Henze, wie wenig Dankbarkeit Sie zeigen, nachdem wir Sie so gastfreundlich aufgenommen haben«, sagte er mit sanftem Lächeln. »Ich hätte nicht erwartet, daß Sie sich bei Nacht davonschleichen, ohne Lebewohl zu sagen.«
Henze erwiderte nichts, er hatte den Arm um Gelis Schulter gelegt und hielt das Mädchen fest.
»Wieso kommst du uns nach?« fragte Geli, es sollte wohl wütend klingen, aber die Angst hatte ihre Wut brüchig gemacht. »Können wir etwa nicht weggehen, wann wir wollen?«
»Mitten in der Nacht? Und ohne Gepäck?« Rüdiger machte leise Schnalzlaute mit der Zunge und schüttelte vorwurfsvoll den Kopf, wie mit mildem Tadel. »Dabei hätten wir dich doch am Montag sowieso nach Rodersfelden mitgenommen – oder auch noch weiter, ganz wie du möchtest. Sogar seinen Wagen hätten wir herausgezogen, wir haben es ja versprochen.«
Henze straffte sich, aber er ließ den Arm um Gelis Schulter liegen. »Ich glaube nicht mehr alles, was Sie sagen. Ich weiß inzwischen zuviel.«
Der Schwarzhaarige nickte. »Das ist immer ein Problem. Es gibt so viele, die leichter leben könnten, wenn sie weniger wüßten.« Er hatte den Kopf zurückgelegt und schaute hoch zu den

Sternen. »Was meinen Sie, wenn wir dort oben wären, irgendwo in einem fremden Sonnensystem... ob dann dieselben Maßstäbe für Recht und Unrecht gelten würden? Ich denke, wenn man nur weit genug geht, findet man einen Platz, an dem man tun darf, was anderswo nicht erlaubt ist. Die Lebewesen, die dort zu Hause sind, nehmen es einfach hin.«
Er ist ein Schwätzer, dachte Henze, aber was wirklich gefährlich ist: er glaubt, was er sagt. Er glaubt tatsächlich, daß er hier im Dorf tun durfte, was er getan hat. Er empfindet es nicht einmal als Unrecht.
»Das ist es also«, vermutete er, »Die Leute im Dorf haben es Ihnen zu leicht gemacht?«
Rüdiger zuckte die Achseln. »Ja, das hat schon eine Rolle gespielt. Vielleicht, wenn sie von Anfang an anders reagiert hätten... wer weiß. Aber ich habe schon immer gern wissen wollen, wie tief sich Menschen beugen, solange sie Hoffnung haben, daß es bald vorbei ist. Es war faszinierend. Und – vergessen Sie nicht, mein armer Bruder Artur hat so viel Spaß dabei gehabt. Sie sind doch an der Buche vorbeigekommen, Herr Henze, haben Sie nicht gesehen, wieviel Spaß mein Bruder gehabt hat?«
»Sie lügen!« fuhr Henze ihn an. »Es hat Artur keinen Spaß gemacht. Ich habe doch gehört, wie Sie dauernd auf ihn eingeredet haben, daß er Ihnen helfen muß. Das ist es, was ihm Freude macht: das Gefühl, gebraucht zu werden. Und Sie nutzen das schamlos aus.«
Der Schwarzhaarige sah bekümmert aus. »So etwas sollten Sie wirklich nicht sagen, und schon gar nicht in Arturs Gegenwart, Sie verwirren meinen armen Bruder.« Er seufzte wie in mühsam bezwungener Ungeduld. »Mein Gott, warum dramatisieren Sie alles so? Ist denn irgend etwas geschehen, was man nicht am Montag mit Geld gutmachen könnte? Das Ganze war nur ein Spiel, ein Experiment, wenn Sie so wollen. Wir werden dem alten Kahlen das räudige Katzenvieh bezahlen.«
»Und daß Sie die Männer geschlagen haben?« fragte Henze, »wollen Sie das auch mit Geld gutmachen?«
Rüdiger lächelte. »Ach, das meinen Sie... Mein armer Bruder Artur ist manchmal ein Hitzkopf, wenn andere nicht gleich tun, was er sich wünscht.« Das Lächeln verschwand. »Jetzt, zum Beispiel, wünscht er sich, daß Sie mit uns kommen, zurück zum Haus. Nicht wahr, Artur, das wünschst du dir?« Er wartete die

blubbernde Zustimmung nicht ab. »Komm, Geli«, sagte er, schob Henzes Arm weg und legte dafür seinen um ihre Schulter.

Sie gingen ein paar Schritte, sie gingen zurück ins Dorf, Paul Kahlens Haus tauchte rechts von ihnen auf, daneben das Haus, in dem Georg Lanzerath und Kathrin wohnten. Henze kannte die Häuser, das verfluchte Dorf war ihm schon so vertraut, und er war immer noch da, er hatte es nicht geschafft.

Er hatte hingenommen, daß Rüdiger ihm den Arm wegschob und dafür seinen Arm um Gelis Schulter legte. Er hoffte einfach, daß es irgendwann vorüber wäre; darauf wollte er warten, so wie Emma Jaschob und Mathilde Kahlen und Georg Lanzerath warten wollten. Nur, sein Zögern war nicht von der geduldigen Art, er hatte sich nicht ein Leben lang daran gewöhnt, alles hinzunehmen, wie es kam; er wartete, weil er Angst hatte vor dem Hünen, vor Artur. Eine Erinnerung aus Kindertagen wollte sich aufdrängen: an das, was sein Vater ihm gesagt hatte – über die Angst und über den Mut, sie zu überwinden, und daß er sich nicht ducken dürfe, sondern sich wehren müsse... Aber er verscheuchte die Erinnerung und redete sich ein, er habe jetzt keine Zeit, daran zu denken.

Er sah nicht hin, als sie an der Buche vorbeikamen, er versuchte, Arturs kollerndes Lachen zu überhören. Er schreckte erst wieder aus seinen Gedanken hoch, als sie vor der Haustür ankamen, vor der moosgrünen Haustür am Haus der Düsseldorfer, sie stand offen.

»Wir konnten leider nicht zuschließen«, erklärte ihm Rüdiger. »Karli ist zu betrunken, er wäre uns inzwischen eingeschlafen, und dann stünden wir jetzt hier draußen und könnten klopfen und schreien – er würde uns doch nicht hören. Da habe ich die Tür einfach offengelassen, es ist ein so friedliches Dorf, hier geschieht nichts Böses.«

Henze hätte ihm sagen können, was er wußte. Es wäre noch Zeit gewesen, ihn zu warnen und als Bedingung auszuhandeln, daß er Geli und ihn mitnahm. Er wußte selbst nicht, warum er es nicht tat, obwohl er ahnte, daß es vielleicht die letzte Chance war.

»Ach ja«, fiel Rüdiger ein, »eins werden Sie sich sicher fragen: wieso wir gewußt haben, daß Sie sich davonmachen wollten.« Sein Lächeln fiel ein bißchen hämisch aus. »Mitten in seinem Schnapsnebel ist Karli plötzlich eine Erleuchtung gekommen.

Er hat sich daran erinnert, daß Sie die Stiefel in der Hand gehalten und auf Socken gelaufen sind. So macht eben jeder seine Fehler, Herr Henze.« Er nahm den Arm von Gelis Schulter. »Geh schon nach oben«, sagte er zu ihr, »wir drei haben noch etwas zu besprechen, es dauert nicht lange.«
An der untersten Treppenstufe drehte Geli sich um, sah Henze an und bat ihn: »Du mußt es ihm sagen, Werner. Du mußt ihm sagen, was du weißt, bitte!«
Ja, dachte Henze, aber er sagte es nicht. Er wollte ihr nichts versprechen. Es war erst eine Nacht her, daß er versprochen hatte, ihr ein Dorf zu schenken. Es war das falsche Dorf gewesen. Sie warteten, bis oben die Zimmertür klappte, dann schob Rüdiger ihn ins Wohnzimmer. Er schob ihn bis vor den Kamin, er sah ihn an, und Henze dachte noch: Merkwürdig, er lächelt gar nicht mehr.
»Sie müssen mir nicht sagen, was Sie wissen, Herr Henze. Ich will es gar nicht erfahren. Die Alten im Dorf haben irgend etwas vor, das ahne ich. Und da Sie Ihre Stiefel in der Hand hatten, wie Karli mir erzählt hat, nehme ich an, daß Sie heimlich im Dorf waren. Vielleicht waren Sie es sogar, der mit den Alten einen Plan ausgeheckt hat.« Er tätschelte seinem Bruder die Hand. »Was denkst du, Artur, ob er mit ihnen unter einer Decke steckt? Werner Henze, der Freund und Beschützer der alten Leute?«
Er ging zum Kamin, nahm den Schürhaken, stocherte in der Glut, und während er in der Hocke saß, sprach er weiter, ohne sich umzudrehen. »Ich will es gar nicht wissen. Ich bin sehr gespannt, ob die alten Leute wirklich anfangen, sich zu wehren. Vielleicht ist es nur ein Problem der Führung? Nachdem Sie jetzt da sind… Ist das nicht faszinierend? Alle warten auf einen, der ihnen sagt, was sie tun sollen.«
Er kam aus der Hocke hoch, wandte sich wieder Henze zu, sah ihn an. »Natürlich habe ich mir so meine Gedanken gemacht. Sie werden es nachts versuchen, habe ich mir gedacht, nachts, während wir schlafen, denn sie sind alt, und mein Bruder Artur ist sehr stark. Sie könnten vorhaben, heimlich ins Haus einzudringen, durch die Seitentür, habe ich mir überlegt. Darum habe ich der Jaschob den Schlüssel weggenommen, als sie endlich gekommen ist. Sie schläft jetzt drüben in der Küche. Das heißt, vielleicht schläft sie auch nicht, vielleicht ist sie wach und horcht an der Tür.«

Der Schwarzhaarige ging ein paar Schritte auf und ab. Henze hatte ihn im Verdacht, daß er durchaus noch nicht alles überlegt hatte, was er vor sich hin redete, sondern daß er gerade erst dabei war nachzudenken.
»Wann werden sie sich wehren, war die nächste Frage. Heute nacht sicher nicht, habe ich mir gedacht, sonst wäre doch der Henze nicht weggegangen. Nein, habe ich mir überlegt, der Henze geht nach Rodersfelden, weil er sein Mädchen in Sicherheit bringen will – und vielleicht auch, weil er Hilfe holen will. Und dann wußte ich plötzlich, wie ich herausfinden kann, ob die Alten heute nacht etwas vorhaben: Laß einfach die Haustür offen, habe ich mir gesagt, dann werden wir ja sehen, ob sie kommen, auch wenn Henze nicht da ist. Ich hätte auch die Seitentür nehmen können, aber ich wollte es wissen, und nun weiß ich es: Sie sind nicht gekommen, sie haben sich in ihren Häusern verkrochen.«
Er blieb vor Henze stehen. »Nun ist alles klar. Die Alten haben gewußt, daß Sie unterwegs sind, um das Mädchen wegzubringen und Hilfe zu holen. Darauf wollten sie warten. Die werden nichts unternehmen ohne Sie. Sie haben den Plan ausgeheckt, Sie haben die Leute aufgehetzt.« Er schüttelte den Kopf, er sah tief bekümmert aus. »Finden Sie das dankbar, Henze?«
»Wofür soll ich Ihnen dankbar sein?« fragte Henze. »Das Haus, in dem Sie mich aufgenommen haben, ist nicht Ihr Haus. Und was Sie mir zu essen gegeben haben, hatten Sie vorher den Leuten im Dorf weggenommen.«
Es schien tatsächlich Enttäuschung zu sein, was er in den sanften braunen Augen des Schwarzhaarigen las. Artur war unruhig geworden, er tänzelte mit tapsigen Bewegungen, ließ die Arme pendeln, wiegte sich wie ein großer zottiger Bär. Rüdiger streckte sich, streichelte ihm das Gesicht.
»Ja, Artur, jetzt mußt du mir wieder helfen.«
Der Schlag kam so schnell, daß Henze nicht ausweichen konnte. Schaufelhände, dachte er noch, als ihn Arturs Faust in die Magengrube traf. Er knickte in den Knien ein, Schmerz jagte in ihm hoch, stieg bis in den Kopf, ballte sich in den Schläfen. Und er sah wieder die Hand, diese riesige Hand, Artur packte ihn am Parka, riß ihn hoch. Die andere Hand pendelte nicht mehr, sie war vor Henzes Gesicht, und sie schlug zu – links und rechts und wieder und wieder. Der Nebel war da, derselbe Nebel wie gestern nacht, die wallenden Schwaden, die alles so unwirklich

und so fern machten, nur, heute nacht fing ihn keiner auf. Er spürte die siedende Hitze in den Wangen, da, wo der Große ihn getroffen hatte, und er fühlte das warme Rinnsal, das vom linken Mundwinkel ausging und nach unten lief, auf das Kinn zu. Gott sei Dank, dachte er, ich kann nicht fallen, der Große hält mich fest; Paul Kahlen fiel ihm ein, und er verstand auf einmal, warum der alte Mann nicht gewollt hatte, daß sie ihn auf den Knien sähen.

»Es ist genug, Artur«, hörte er den Schwarzhaarigen sagen.

Der Große ließ ihn los, er schwankte, Lichtfunken tanzten ihm vor den Augen, in Kreisen, die sich immer weiter ausdehnten, aber er stürzte nicht, er konnte sich auf den Beinen halten. Er war dankbar dafür, daß der Schwarzhaarige gesagt hatte, es wäre genug. Nun war er doch noch dankbar, aber jetzt war es zu spät. Vorhin hatte Rüdiger Dankbarkeit von ihm verlangt, und wenn er dankbar gewesen wäre oder wenigstens geschwiegen hätte, vielleicht hätte ihn dann Artur gar nicht geschlagen? Rüdiger stand vor ihm.

»Sie müssen mir nicht sagen, wieviel Sie wissen, Henze. Und ich will auch gar nicht erfahren, welchen Plan Sie ausgeheckt und wie Sie die Alten im Dorf gegen uns aufgehetzt haben. Ich bin sehr gespannt, wie es jetzt weitergeht. Wirklich, es interessiert mich, was Sie nun machen werden.«

Ich werde gar nichts tun, dachte Henze. Ich will nur nach oben gehen und mir das Gesicht waschen und warten, daß der Schmerz aufhört.

»Bring ihn hinaus, Artur«, sagte der Schwarzhaarige.

Der Große packte ihn wieder, diesmal an der Schulter, wirbelte ihn herum und schob ihn vor sich her in die Diele, aber nicht auf die Treppe zu, sondern zur Tür hin. Henze versteifte sich, er wollte sich gegen den Druck stemmen.

»Wo bringen Sie mich hin?«

»Nach draußen«, hörte er Rüdiger hinter seinem Rücken sagen, und obwohl er ihn nicht sehen konnte, wußte er, daß er wieder lächelte. »Sie wollten doch weg, Henze, Sie wollten doch nicht im Haus bleiben. Jetzt dürfen Sie weg, auch nach Rodersfelden, wenn Sie wollen, wir werden Sie nicht zum zweiten Mal aufhalten.«

Aber das Gepäck, wollte er sagen, und dann fiel ihm ein: »Aber... Geli?«

»Das Mädchen bleibt hier«, sagte Rüdiger. »Mal sehen, was Sie

sich nun einfallen lassen. Wir haben die Jaschob, das müssen die Alten im Dorf bedenken, und wir haben das Mädchen, das dürfen Sie nicht vergessen. Sie haben gar nichts mehr, Henze, nicht einmal den Schlüssel zur Seitentür.«
Artur gab ihm einen Stoß, Henze taumelte nach vorn, er stolperte über die Treppenstufen, seine Füße fanden keinen Halt. Auf dem Vorplatz, da, wo der Schnee weggeschaufelt war, stürzte er zu Boden.
Nun sehen sie mich also doch auf den Knien, war sein erster Gedanke.
Er hatte es nicht geschafft. Er konnte den Wahnsinn nicht aufhalten, nicht einmal Geli und sich konnte er davor bewahren. Geschlagen hatten sie ihn, gedemütigt, ihm Geli weggenommen, ihn hinausgeworfen in die Kälte, auf die Knie gezwungen. Und Geli hatte geduldet, daß der Schwarzhaarige den Arm um ihre Schulter legte, so wie sie zuvor geduldet hatte, daß der Schwarzhaarige seinen Arm von Gelis Schulter schob. Am Montag würden sie alles mit Geld gutmachen; wieviel sollte er verlangen, was war der verdammte zerbrochene Stolz wert?
Aber das Dielenfenster, das war etwas, was Rüdiger nicht wissen konnte, wenn Geli es ihm nicht verriet.

15

Es war zum dritten Mal in dieser Nacht, daß Georg Lanzerath die blinden Augen aufschlug, sich in den Kissen hochstützte und nach Kathrin rief, die in der Kammer nebenan schlief. Er selbst konnte ja nicht ans Fenster gehen, um nachzuschauen, ob wirklich etwas von dem zu sehen sei, was er ahnte oder vielleicht auch ganz entfernt hörte, mehr im Unterbewußtsein. Er hätte nicht erklären können, woher seine Ahnungen kamen, die ihm fast so sicher wie Wissen erschienen; er dachte nur, es müsse wohl etwas damit zu tun haben, daß er so viel älter war als die meisten im Dorf und schon so viel näher dem lieben Gott. Vielleicht, dachte er, vielleicht fängt so der Himmel an, wenn wir ihm schon ganz nahe sind.
»Kathrin!« rief er – und noch einmal: »Kathrin, schau nach, was da drüben ist, beim Haus der Düsseldorfer.«
Das erste Mal hatte er nach ihr gerufen, als die Fremden, der Mann und die junge Frau, die Straße entlangkamen. Das war

einfach zu erklären, nachträglich war er sich ganz sicher, daß er es gehört haben mußte; natürlich, wenn die Sonne den Schnee auftaut und die Nachtkälte ihn wieder gefrieren läßt, dann hört man jeden knirschenden Schritt. Und daß nur er es gehört hatte und offenbar sonst niemand im Dorf, das mußte wohl daran liegen, daß die anderen schon eingeschlafen waren, während er nur dalag und ruhte. Er war nicht so müde wie die anderen, er brauchte nicht so viel Schlaf, seitdem der Unterschied zwischen Tag und Nacht nicht mehr so groß für ihn war.
Er hatte das Mädchen gerufen, und Kathrin war aufgestanden, hatte sich den grobgestrickten Schal aus schwarzer Wolle um die Schultern gelegt, war barfuß über den Holzfußboden gegangen, fröstelnd, denn die Nachtkälte kam durch tausend Ritzen und Fugen gekrochen, bis zum Fenster war sie gegangen, hatte hinausgesehen und ihm gesagt: ja, es wären der Mann und die junge Frau, sie kämen die Straße entlang, sie wollten wohl weit gehen, denn sie hätten Schneeschuhe dabei.
Und da hatte Georg Lanzerath gewußt, daß auch die andere Ahnung richtig gewesen war, vorhin in Paul Kahlens Stube; die ganze Zeit über war er dort das Gefühl nicht losgeworden, daß es jemanden gebe, der sie belauschte, der alles mit anhörte und der nun wußte, daß sie töten wollten.
Das zweite Mal hatte er nach Kathrin gerufen, als die Fremden zusammen mit zwei von den jungen Männern zurückkamen, und Kathrin war wieder aufgestanden und hatte ihm gesagt, was sie sah: »Sie kommen die Straße zurück. Der Schwarzhaarige und der Große sind bei ihnen, der Blonde nicht. Der Schwarzhaarige hält die junge Frau am Arm, und der Große geht hinter dem Fremden her. Zum Haus der Düsseldorfer gehen sie.«
Da hatte Georg Lanzerath gedacht, daß der liebe Gott ihnen eben doch die Entscheidung nicht abnehmen wollte, ob fünf sterben müßten oder nur drei.
Als er jetzt zum dritten Mal nach ihr rief, konnte er nichts gehört haben, es war zu weit bis zum Haus der Düsseldorfer, das halbe Dorf lag dazwischen. Aber er wußte trotzdem, daß dort etwas geschah, darum hatte er nach Kathrin gerufen und ihr gesagt, sie solle nachschauen.
Sie stand auf, setzte die nackten Füße auf den Holzfußboden, langte nach dem Schal aus grober schwarzer Wolle, der am Fußende bereitlag, und ging zum Fenster.

»Ein Mann liegt vor dem Haus«, sagte sie. Sie sagte es lauter, als sie gewöhnlich miteinander sprachen, denn ihr Bett war in der kleinen Kammer an der Südostecke des Hauses, dort stand sie jetzt am Fenster, und der Großvater lag drüben in der Schlafstube. Sie mußte lauter sprechen, obwohl die Türen offenstanden; sie standen nachts immer offen, damit die Wärme von unten, von der Küche her, nach oben steigen konnte. »Er liegt nicht«, verbesserte sie sich, »er kniet auf dem Boden. Ich glaube, es ist der Fremde. Er kann nicht ins Haus, die Tür ist zu.«
Da wußte Georg Lanzerath, daß seine Ahnungen richtig gewesen waren, der Große hatte jetzt auch den Fremden geschlagen, nun auch ihn. Und er dachte sich, daß der liebe Gott ihnen eben doch einen Teil der Entscheidung abgenommen hätte, es waren nur noch drei, die sterben mußten. Vielleicht auch vier, fiel ihm ein, aber er glaubte nicht, daß die junge Frau ihnen gefährlich werden könnte.
»Zieh dich an, Kathrin«, rief er. »Geh den Fremden holen, er braucht Hilfe.«
Sie fragte nichts, sie seufzte auch nicht, nicht einmal, als sie unten in der Küche die Uhr schlagen hörte und wußte, daß es zwei Uhr nachts war. Sie tastete im Dunkeln nach den Kleidern, die auf dem Stuhl lagen. Sie zog sich an, zuletzt streifte sie die Wollsocken über, und so ging sie die Treppe hinunter bis in den Flur, dort standen ihre festen Schuhe, und dort hing der zweite Schal, der, den noch die Großmutter gestrickt hatte, und der Mantel. Und als sie die Schuhe geschnürt, auch den zweiten Schal um die Schultern gelegt und den Mantel darübergezogen hatte, drehte sie den Schlüssel im Schloß und schob den Riegel zurück; sie ging, um den Fremden zu holen.

Werner Henze hörte die Schritte, er wandte den Kopf, die Schulter tat ihm weh, da wo der Hüne zugelangt und ihn herumgewirbelt hatte. Er sah das Mädchen kommen, er wollte nicht, daß er noch auf den Knien läge, wenn sie bei ihm war, er versuchte sich hochzustemmen, aber der Schmerz zwang ihn auf den Boden zurück. Der Magen strahlte den Schmerz aus, der erste Fausthieb war der schlimmste gewesen.
Kathrin beugte sich zu ihm herunter, sie faßte ihn am Arm, es war ein harter, energischer Griff. »Ich helfe Ihnen. Großvater hat gesagt, daß ich Sie ins Haus holen soll.«
Sie zog ihn hoch, er mußte sich auf ihren Arm stützen, und weil

der Schmerz nicht nachlassen wollte – auch jetzt nicht, als Henze schon auf den Beinen stand, sondern unverändert heiße Wellen ausströmte, die nach oben brandeten und irgendwo in der Brust verebbten, setzte er die Schritte langsam und sehr kurz, sie kamen nicht schnell voran. Das Mädchen blieb geduldig an seiner Seite, hielt ihn, schien ein wenig von seiner Last zu tragen; es machte Kathrin nichts aus, daß sie so langsam gingen, sie war es von ihrem Großvater gewöhnt.
Sie kamen zum Haus, er kannte die festgetretene Spur schon, die zum Hoftor führte, auch die kleine Seitentür kannte er, die nicht verriegelt war, den quadratischen Hof, das Stallgebäude auf der rechten Seite, die halb verfallene Scheune geradeaus, das Wohnhaus zur Linken, hinter dem zugeschneiten Vorgarten, alles war ihm vertraut, auch die schlurfenden Schritte, die er auf dem Flur hörte. Und als er sich bückte, um die Stiefel auszuziehen, weil Schnee daran klebte und weil er Georg Lanzerath und dem Mädchen nicht noch mehr Mühe machen wollte, war ihm auch der wütende Biß schon vertraut, mit dem der Schmerz nach seinem Magen schnappte. Irgend etwas mußte in ihm zerrissen sein, zerschlagen von Arturs Faust; Geli hatte ihm gleich gesagt, daß er so unheimlich stark wäre, aber sie hatte auch gesagt, er wäre so sanft, er könnte bestimmt niemandem weh tun.
»Sie können bleiben«, sagte Georg Lanzerath. Er sagte nicht, wielange, nicht: bis alles vorüber ist oder: bis wir sie vertrieben oder erschlagen haben. Er sagte nur, Henze könne bleiben.
»Soll ich ihn in die Wohnstube bringen?« fragte Kathrin. »Aufs Sofa?«
Georg Lanzerath raffte den Mantel fester, den er sich übergezogen hatte. Es war kalt im Haus, das Feuer im Herd brannte schon lange nicht mehr. »Bring ihn nach oben, er kann die zweite Kammer haben.«
Sie wandte nicht ein, daß die hintere Kammer schon so lange leerstehe und nicht aufgeräumt sei, sie erwähnte auch nicht, daß sie nun mehr Mühe habe, weil sie für alles, was Henze brauchte, treppauf und treppab laufen müsse, sie faßte Henze am Arm und führte ihn die Stiege hinauf, der Großvater hatte es so gewollt.
Die Kammer lag an der Nordseite des Hauses, auch daher kam es, daß es hier am eisigsten war, aber vor allem war es so kalt, weil sie hier nie die Tür offenstehen ließen, es schlief ja schon

lange niemand mehr in der Kammer. Das Bett stand rechts vom schmalen Fenster unter der Dachschräge, daneben ein Stuhl, an der gegenüberliegenden Wand ein Schrank, links neben der Tür eine Kommode, darauf die Waschschüssel und der Krug.
Es war dunkel im Zimmer, Kathrin erklärte es ihm: »Hier oben ist kein elektrisches Licht gelegt, nur unten im Haus. Ich hole Ihnen eine Kerze.«
Er hatte den Eindruck, daß sie ihn nicht ansah, auch heute morgen hatte sie ihm ja die meiste Zeit über den Rücken zugewandt. »Es tut mir leid, daß ich Ihnen Mühe mache«, sagte er.
Er sah im Dunkeln ihre Handbewegung, ausholend und fahrig, als ob sie wegwischen wollte, was er gesagt hatte. Sie deutete auf das Bett. »Sie können sich inzwischen schon hinlegen. Es ist bezogen, aber die Wäsche wird kalt und klamm sein. Ich bringe Ihnen einen heißen Stein, sobald das Feuer im Herd wieder brennt.«
Er sah sich suchend um. »Ich muß mich noch waschen, ich glaube, ich blute im Gesicht.«
»Nicht mehr sehr«, antwortete sie, »es ist schon geronnen. Legen Sie sich hin, ich kümmere mich nachher darum.«
Sie hatte es also gesehen. Sie mußte auch gesehen haben, wie er sich krümmte, und sie mußte sein Stöhnen gehört haben, als er versucht hatte, die Stiefel auszuziehen. Sie wußte, wo der Große ihn mit den Fäusten getroffen, wie er ihn zusammengeschlagen hatte. Er konnte auf einmal den Haß der Männer im Dorf besser verstehen – und die Scham darüber, daß ihre Frauen mit angesehen hatten, daß Artur sie schlug und daß sie wehrlos waren.
Du darfst es nicht einfach einstecken, wenn einer dich schlägt, hatte sein Vater zu ihm gesagt, als er noch klein war und nach Hause kam und weinte, weil ein großer Junge ihn geschlagen hatte. Und du darfst nicht weinen, ein Mann weint nicht. Darum konnte er nie richtig weinen.
Er versuchte, den Parka auszuziehen, aber die Schmerzen waren zu stark; irgend etwas mußte mit der Schulter sein. Er gab auf, setzte sich aufs Bett und wartete, bis Kathrin zurückkam.
»Sie haben sich ja noch nicht ausgezogen.« Sie stellte den Kerzenhalter auf die Kommode. Er hatte den Vorwurf in ihrer Stimme gehört und verstanden, daß sie eigentlich sagen wollte: Ich hab doch schon genug Mühe mit Ihnen, hätten Sie das nicht

wenigstens allein tun können? Er zeigte stumm auf die Schulter.
Sie kam auf ihn zu, faßte den Parka vorn an den Aufschlägen und zog ihn über Henzes Schultern, sie tat es behutsam und doch ohne Zögern, und als er leise aufstöhnte, schien sie es gar nicht zu merken.
Sie nestelte an den Hemdknöpfen, er schloß die Augen, saß einfach da, fühlte ihre warmen schmalen Hände und dachte, daß er nun wieder in einem Haus angekommen sei und Hilfe brauche, genau wie gestern nacht; mein Gott, es war erst einen Tag her. Ihr kastanienbraunes Haar war ganz nahe, eine Strähne fiel nach vorn, streifte sein Gesicht. Er konnte das Mädchen riechen, es roch jung und frisch, nach Kind und schon ein bißchen nach Frau. Die Hände sind so warm auf meiner kalten Haut, dachte er, aber als er spürte, wie Kathrins Hände nach dem Gürtel tasteten, haschte er nach ihnen, streifte sie, wußte nicht, ob er sie wegschieben oder festhalten sollte.
»Ich mach das«, murmelte er, Verlegenheit schnürte ihm die Kehle zu, »ich komm schon zurecht.«
Die Hände waren nicht mehr da, die Haarsträhne berührte ihn nicht mehr, der Duft nach Jugend und Frische war ein Stück weggerückt. Und als er die Augen öffnete, sah er, daß Kathrin lächelte, es war das erste Mal, daß er sie lächeln sah. Er schaute hinter dem Lächeln her, auch als sie schon durch die Tür gegangen war und er ihre Schritte auf der Treppe hörte.
Er zog sich aus und kroch ins Bett, die Wäsche war kalt und klamm, wie sie gesagt hatte, er fröstelte, es schüttelte ihn, und als seine Zähne leise aufeinanderschlugen, tat ihm der Kiefer weh, da, wo der Große ihn geschlagen hatte.
Kathrin kam zurück, sie brachte den heißen Stein mit, in ein wollenes Tuch eingeschlagen, hob das Bettzeug hoch, schob ihm den Stein an die Füße. Er dachte, daß sie sich viel Mühe machte und daß er ihr sagen müßte, wie leid es ihm täte, weil es doch schon mitten in der Nacht war und sie nun um ihren Schlaf kam, aber dann fiel ihm ein, daß er es schon gesagt hatte, so ähnlich jedenfalls, und die große Handbewegung fiel ihm ein, mit der sie es weggewischt hatte.
Sie ließ ihn wieder allein, er hörte die alten Bretter der Stiege knarren, als sie hinunterging. Wie viele Male wollte sie denn noch hinuntersteigen und wieder heraufkommen? Und als sie das nächste Mal kam, trug sie ein Tablett mit einem Becher und

einem Löffel. Sie stellte das Tablett auf den Stuhl, setzte sich zu ihm auf die Bettkante, tauchte den Löffel in den Becher und führte ihn an seine Lippen.
»Es ist Kräutertee«, sagte sie, »für Ihren Magen.«
Der Tee dampfte, er roch bitter, der herbe Geruch war so stark, daß Henze Kathrins Duft nicht mehr wahrnehmen konnte, obwohl sie ihm jetzt wieder so nahe war – jedesmal, wenn sie einen Löffel Tee vor seine Lippen hielt, und das mußte sie viele Male tun, denn es war ein großer Becher, und sie hatte unendliche Geduld. Er spürte, wie der Tee den Schmerz verschlang, die Wellen wurden immer kleiner, nur noch ein Grimmen blieb übrig, es hätte auch Hunger sein können.
Sie trug das Tablett nach unten und kam damit wieder, diesmal brachte sie eine Schüssel mit heißem Wasser, ein wollener Lappen schwamm darin, und ein Tiegel mit Salbe stand auf dem Tablett. Sie wusch ihm das Gesicht und dann auch die Hände, sie rieb ihm Salbe aufs Kinn und die Wangen hinauf, ihre Finger waren sanft und behutsam, und als sie ihm Salbe auf die Oberlippe strich, mußte er lächeln, weil es ihn kitzelte, aber sie lächelte nicht zurück. Dann schlug sie die Bettdecke zurück, rieb Salbe auf die Schulter, dahin, wo Artur ihn gepackt hatte, und massierte sie ein.
Als sie das letzte Mal kam, brachte sie ein Leinensäckchen mit aufgebrühten Kräutern, sie schlug das Bettzeug weiter zurück und legte es ihm auf den Bauch. Sie blies die Kerze aus, die Tür ließ sie offenstehen, denn im Herd brannte wieder Feuer, und die Wärme sollte nach oben steigen.
»Gute Nacht. Versuchen Sie zu schlafen«, sagte sie, sie schaute nicht zurück.
Er lag im Dunkeln, von den Füßen her – da, wo sie den heißen Stein hingebettet hatte – kroch wohlige Wärme herauf, auch durch die Tür wehte es warm heran, es roch bitter in der Kammer, das mußte von der Salbe kommen.
Du darfst es nicht einfach einstecken, wenn einer dich schlägt, hatte sein Vater gesagt. Auch den alten Männern im Dorf mußten ihre Väter etwas Ähnliches gesagt haben. Was die Natur ihnen antat oder der liebe Gott, das nahmen sie hin, zum Beispiel, wenn das Dorf mit Schnee zugeschüttet wurde. Wenn aber Wölfe ins Dorf kamen, duckten sie sich nur so lange, bis die Wut und der Haß groß genug waren.
Sie dachten anders als ihre Frauen, aber denen hatten die Müt-

ter auch nicht gesagt, daß sie sich wehren sollten, immer und um jeden Preis. Darum waren die Frauen so geduldig, sie warteten, bis alles vorüber war, und in der Zwischenzeit hatten sie viel zu tun, sie mußten treppauf und treppab gehen und Tee bringen und Salbe und Kräutersäckchen und den Männern die Wunden pflegen, die der eine dem anderen und dessen Stolz geschlagen hatte.

Auch Rüdiger hatte einen Vater, und vielleicht hatte der ihm gesagt: Du mußt dich durchsetzen, du mußt immer der Stärkere sein.

Henze wandte den Kopf zur Dachschräge hin, er fing lautlos zu weinen an, zum ersten Mal seit vielen Jahren. Er weinte über Susanne und Geli, über Rüdiger, über Artur und Karli, über das Dorf und über sich.

16

Er hätte nicht sagen können, wovon er aufgewacht war, vielleicht hatte er im Halbschlaf den huschenden Schatten bemerkt, Kathrins Schatten, vielleicht waren es aber auch die Stimmen, die ihn weckten, weit weg wie Gemurmel; es mußte unten in der Küche sein, Männerstimmen, zu leise und zu undeutlich; was sie dort unten redeten, konnte er bis hier hinauf, bis in die Kammer, nicht verstehen.

Das mit dem Schatten konnte er sich erklären, als er den zweiten Stuhl sah. Heute nacht hatte nur ein Stuhl im Zimmer gestanden, der neben dem Bett, aber jetzt stand ein zweiter in der Kammer, halb vor die Waschkommode gerückt. Kathrin hatte ihm ein frisches Hemd hingelegt, wahrscheinlich eins von ihrem Großvater, ein Altmännerhemd aus blauer Baumwolle und mit großen Kragenecken. Die Hose hing auf dem Stuhl, seine gefütterte Hose, sie war getrocknet und ausgebürstet. Er sah, daß sie auch geflickt war, oberhalb vom Knie; er mußte sich die Hose heute nacht eingerissen haben, vielleicht auf dem Holzstapel hinter Paul Kahlens Haus oder später, als Artur ihn die Treppe hinuntergeworfen hatte. Der Pullover lag ordentlich gefaltet unter dem Hemd, Henze mußte lächeln, er faltete den Pullover nie, nicht einmal, wenn er den Koffer packte. Nur den Parka sah er nicht, den hatte sie wohl noch unten zum Trocknen aufgehängt.

Er stemmte die Handflächen gegen die Matratze, schob sich ein wenig höher, wartete auf den Schmerz – vom Magen mußte er ausstrahlen und in der Schulter aufzucken... er spürte nichts. Erst als er die Beine aus dem Bett schwang und sich drehte, merkte er, daß es den Schmerz in der Schulter noch gab, er zuckte bloß nicht, er hatte sich nach innen verkrochen, ins Gelenk hinein, dort wühlte er ein bißchen.
Er ging zur Kommode, der Krug stand nicht mehr in der Schüssel wie heute nacht, sondern daneben, er war mit Wasser gefüllt; handwarmes Wasser, stellte Henze fest, Kathrin mußte es heute morgen hochgebracht haben. Ein Teller mit einem Stück Seife stand auf der Kommode, ein halb blinder Spiegel lehnte an der Wand, sogar an Zahnpasta hatte sie gedacht, die Tube war fast leer, ordentlich von hinten aufgerollt, und er mußte wieder lächeln, weil er die Zahnpastatube nie aufrollte, Susanne tat das für ihn und nörgelte manchmal, weil sie hinter ihm herräumen müßte. Nun hatte Kathrin das getan, bestimmt hatte sie nicht genörgelt, er wußte ja inzwischen, wie geduldig sie war. Sie mußte heute morgen sehr früh aufgestanden sein, obwohl es doch in der Nacht so spät geworden war.
Heute morgen? Sonntagmorgen. Er sah auf die Armbanduhr, mein Gott, es war schon kurz vor elf, nun verstand er auch, woher das helle Licht kam: die kalte Wintersonne stand über dem Dorf, der Schnee auf dem Hang hatte schon zu funkeln begonnen.
Henze zog das Unterhemd aus, er wusch sich und spürte dabei dem Schmerz nach, der in der Schulter nistete und lauernd wartete, bis Henze eine Bewegung machte, bei der er das Schultergelenk drehen mußte, um dann zuzubeißen. Er durfte nicht vergessen, Kathrin noch einmal um die Salbe zu bitten, sie hatte ihm gutgetan. Er quetschte an der Zahnpastatube, drückte einen kleinen Strang vom blauen Gel auf den rechten Zeigefinger und wollte anfangen, die Paste auf den Zähnen und über dem Zahnfleisch zu verreiben; er stöhnte auf, weil er erst jetzt merkte, wie weh ihm der Kiefer tat. Im Spiegel sah er, daß sein Gesicht geschwollen war, besonders unten herum, um den Mund und links und rechts von der Nase. Er mußte grinsen, weil ihm einfiel, daß sich damit ein Problem erledigt hatte: sein Rasierzeug lag oben im Haus der Düsseldorfer, aber er hätte es sowieso nicht benützen können, bevor nicht die Schwellung zurückgegangen war.

Das Grinsen gefror ihm, als er an Geli dachte. Sie hatte sich nicht gewehrt, als der Schwarzhaarige ihr den Arm um die Schulter gelegt hatte. Und wenn das nicht alles gewesen war? Du verfluchter Hund, dachte er, wenn du ihr etwas getan hast, wenn du sie geschlagen hast, wenn ihr Gesicht so geschwollen ist wie meines... ich schwöre es, dann können die alten Männer im Dorf nur zwei von euch umbringen, denn dich erschlage ich selber. Er wußte, daß er seinen Schwur nicht halten konnte, obwohl es das Dielenfenster gab, weil er gar nicht an Rüdiger herankommen würde; der Große würde ihn vorher abfangen und wieder verprügeln und die Treppe hinunterwerfen – oder diesmal durchs Dielenfenster in den Schnee. Und daß er das wußte, machte seine Wut nur brennender.
Heute nacht hatte er beim Einschlafen geweint, es war nicht so, daß er es vergessen hätte. Aber nachts weint es sich leichter, dachte er, weil die Dunkelheit der Wirklichkeit die Konturen nimmt und einen tröstlichen Schleier darüberzieht. Erst am Tag fängt wieder die Wut zu nagen an, und die Gedanken kreisen, weil es – Herrgottnochmal – eben doch einen Weg geben muß, um sich zu wehren und nicht einfach alles nur hinzunehmen und zu warten, bis es vorüber ist.
Die Stimmen unten in der Küche fielen ihm ein, Männerstimmen. Allein war er hilflos, allein konnte er sich Geli nicht zurückholen und dem Schwarzhaarigen nicht heimzahlen, was er ihm angetan hatte. Die da unten mußten ihm helfen, die alten Männer, und sie brauchten genauso seine Hilfe, denn nur er wußte, wie sie ins Haus der Düsseldorfer kommen konnten, auch wenn die Haustür verschlossen war und Emma Jaschob den Schlüssel zum Seiteneingang nicht mehr hatte.
Nur, die Männer wollten noch bis zur kommenden Nacht warten, eine halbe Stunde nach Mitternacht, hatten sie gesagt. Und das bedeutete, daß Henze sich noch einen ganzen Tag gedulden mußte.
Du verfluchter Hund, dachte er, ich bringe dich um, auch wenn du sie nicht geschlagen hast, weil du sie vielleicht gar nicht erst zu etwas zwingen mußtest, weil sie sich eingehängt hat bei dir, mit dem Arm oder mit Worten, und dir gesagt hat, sie brauche Schutz. Jetzt, nachdem Werner Henze so klein geworden sei, brauche sie Rüdiger, weil er doch der einzige sei, der sie aus dem Dorf wegbringen könne.
Er mußte nach unten gehen in die Küche, er mußte den Män-

nern sagen, wie sie ins Haus der Düsseldorfer kommen konnten. Und daß sie gar nicht so lange warten müßten, würde er ihnen sagen, weil es ja nur die Emma Jaschob gewesen war, die das mit dem Sonntag, mit dem Tag des Herrn gesagt hatte, und die zählte jetzt nicht mehr, die Jaschob, der Schwarzhaarige hatte ihr den Schlüssel weggenommen.
Er suchte nach seinen Stiefeln, sie waren nicht in der Kammer, Kathrin hatte sie wohl mit nach unten genommen, genau wie den Parka. Er ging auf Socken durch die Tür, rechts sah er durch die offene Tür die Schlafstube mit den hohen, wuchtigen Doppelbetten, Georg Lanzeraths Schlafstube, säuerlicher Geruch wehte ihn an, der Geruch des blinden alten Mannes, und geradeaus, zur Straße hin, sah er durch die andere Tür die schmale Kammer, Kathrins Kammer. Er blähte die Nasenflügel, wollte auch ihren Duft wahrnehmen, den Duft nach Frische und Jugend, aber der saure Altmännergeruch war stärker. Er ging bis zur Stiege, und als er die Hand aufs Geländer legte, hörte er es unten an der Haustür klopfen.
Er erkannte Georg Lanzeraths schlurfende Schritte wieder, wartete, daß der Schlüssel im Schloß gedreht und der Riegel zurückgeschoben wurde, beugte sich übers Geländer, um zu sehen, wer da kam. Doch er konnte nur eine Gestalt ausmachen, einen Mann, es war zu dunkel auf dem Flur, um ein Gesicht zu erkennen. Und was hätte ihm das Gesicht schon gesagt? Er kannte ja nur ihre Stimmen.
Auch diese Stimme erkannte er sofort wieder, als der Mann fragte: »Sind die anderen da?«
»Sind alle in der Küche«, sagte Georg Lanzerath. »Und der Fremde ist hier im Haus, der Mann, der Freitagnacht mit der jungen Frau angekommen ist. Er schläft oben in der hinteren Kammer. Der Große hat ihn geschlagen und die Treppe hinuntergeworfen. Kathrin sagt, es sei nicht so schlimm, nur ein paar Prellungen und das Gesicht... das weißt du ja selber.«
»Warum haben sie ihn geschlagen?« fragte Paul Kahlen.
»Ich weiß nicht«, sagte Georg Lanzerath. »Ich habe ihn nicht gefragt. Vielleicht wird er's uns erzählen, wenn er aufgewacht ist. Fragen will ich ihn nicht danach, du weißt ja, wie das ist. Komm rein, Paule.«
»Da ist noch etwas, Georg Lanzerath, was du noch nicht weißt.«
Das Schlurfen war nur sehr kurz gewesen, wie ein einziger

Schritt, jetzt hörte es auf. »Was noch?« fragte der blinde alte Mann.
»Ich habe meinen Kater gesucht«, sagte Paul Kahlen. »Er war die ganze Nacht nicht im Haus. Gerade habe ich ihn gefunden. Er hängt an der Marienbuche. Sie haben ihn dort angenagelt und ihm die Kehle durchgeschnitten.«
Es dauerte lange, bis Georg Lanzerath sagte: »Oh, mein Gott.«
»Sie müssen es heute nacht getan haben. Weil ich mich geweigert habe, ihnen zu gehorchen. Sie wollten mich warnen.«
»Hast du es Mathilde..?«
»Nein«, sagte Paul Kahlen. »Ich will nicht, daß sie es sieht. Gib mir eine Zange. Ich muß den Kater holen und ihn im Schnee vergraben, ehe Mathilde das Haus verläßt.«
Wieder ein Schlurfen, diesmal noch kürzer, nur ein halber Schritt. Denn dann hörte Georg Lanzerath einen Schrei, den einer der Männer in der Küche ausstieß. Es war ein schriller Schrei, erschrocken und ahnungsvoll, ein warnender Schrei.
»Der Blonde kommt ins Dorf«, rief der Mann in der Küche. »Er hat deine Repetierbüchse dabei, Josef.«
Henze hatte schon den Fuß auf die oberste Stufe gesetzt, er wollte hinunterrennen in die Küche zu den anderen, sehen, was sie sahen. Er überlegte es sich anders, wandte sich um und hastete durch die offene Tür in Georg Lanzeraths Schlafstube; es kümmerte ihn nicht, daß sie unten seine eiligen Schritte hören mußten, er konnte nicht langsam gehen, auch ihn trieb eine Ahnung. Das eine schmale Fenster ging nach Süden, das andere nach Osten, der Blick fiel auf die Straße – bis zum Haus der Düsseldorfer.
Und da sah Henze den Blonden kommen, er kam die freigeschaufelte Spur entlang, er hielt die Waffe in der Hand, er schwankte. Er ist immer noch betrunken, dachte Henze, oder schon wieder. Und er sah, daß Karli immer wieder die Augen hob und nach vorn stierte, immer in dieselbe Richtung, immer auf dasselbe Ziel, auf Georg Lanzeraths Haus.

»Von dir laß ich mich nicht mehr herumkommandieren«, murmelte Karli, »du hast lange genug den Boß gespielt.«
Verdammt, er mußte auf den Weg achten, er war schon wieder vom Trampelpfad abgekommen, mit dem rechten Schuh im Schnee gelandet. Und der Schnee klebte, hielt den Schuh fest,

drückte sich seitlich hinein, kroch naß und kalt unter die Fußsohle. Aber Karli zerrte den Schuh frei, er war stärker, ja doch, am Schluß war er stärker.
Genau wie im Haus, als Rüdiger versucht hatte, ihn aufzuhalten. Sei vernünftig, hatte der Klugscheißer gesagt, mach keine Dummheiten. Und die Knarre hatte er ihm auch nicht herausgeben wollen. Auf keinen Fall, hatte er gesagt, du bist stinkbesoffen, leg dich hin, bis du wieder klar denken kannst.
Karli grinste, als ihm durch den Kopf ging: Jetzt liegt er selber da, der glatthäutige Schwätzer, auf seiner großen Schnauze liegt er, weil er nicht aufgepaßt hat. Er hat nicht damit gerechnet, daß ich so schnell zuschlage, mitten in den Bauch, und so hart, daß ihm die Luft wegbleibt. Da hat er nichts mehr gesagt, nur noch einmal gejapst hat er, dann ist er umgefallen. Gedreht hat er sich sogar noch im Fallen, vielleicht wollte er den Sturz mit den Händen auffangen, aber er hat die Pfoten nicht mehr hochgekriegt, ist einfach auf die Fresse gefallen.
So geht das, großer Boß, dachte der Blonde, wenn dein starker Bruder gerade mal nicht in der Nähe ist. Das Monster liegt im Wohnzimmer auf der Couch und sabbert im Schlaf und träumt davon, was ihr gestern abend mit dem räudigen Katzenvieh gemacht habt. Diesem blöden Stück Dreck gönnst du jeden Spaß, aber mir, denkst du, kannst du alles verbieten.
Du kannst mir gar nichts mehr verbieten, dachte Karli, du bist nicht mehr der große Boß, du liegst auf der Schnauze. Ich hol mir die Kleine. Ich will auch meinen Spaß haben. Hat die Katze geschrien, als ihr ihr die Kehle aufgeschnitten habt? Die Kleine wird auch schreien, kratzen und beißen wird sie, aber ich krieg sie doch.
Er sah grinsend hoch, es war nicht mehr weit, nur noch die Trampelspur hinüber. Der Alte würde ihm schon aufmachen, wenn er gegen die Tür trat. Er hatte immer aufgemacht, obwohl er bestimmt jedesmal Angst um die Kleine gehabt hatte. Inzwischen war er daran gewöhnt, daß Karli ins Haus kam und sich das Mädchen anguckte und ein bißchen redete, auch wenn ihm das niedliche Ding keine Antwort gab, sondern ihn nur aus großen unschuldigen Augen anstarrte.
Vielleicht denkst du, Alter, daß ich immer nur gucken und reden will, dachte Karli. Du denkst es, weil du es hoffst. Heute mach ich dir deine Hoffnung kaputt, Alter. Keine Angst, ich geb dir die Kleine wieder, wenn ich meinen Spaß gehabt habe,

bloß, sie wird dann nicht mehr so große unschuldige Augen haben. Aber das siehst du ja nicht, blinder alter Mann. Gut, daß du's nicht sehen kannst, auch nicht, was ich mit ihr mache. Ich hab's nicht gern, wenn mir einer dabei zuguckt. Aber schreien wirst du sie hören, das läßt sich nicht ändern, da mußt du dir eben die Ohren zuhalten.

Er kam ans Hoftor, stieß mit dem Schaft der Waffe die Seitentür auf, torkelte über den Hof auf das Wohnhaus zu, hielt sich schwankend am Pfosten fest und trat mit dem Schuh gegen die Haustür.

»Mach auf, Alter, ich will euch besuchen.«

Der Schwarzhaarige wälzte sich herum, er hielt beide Hände vor den Unterleib gepreßt, keuchend sog er die Luft ein, der Schmerz mußte gleich aufhören, es war ja nur ein Schlag gewesen, und Karli hatte nicht so viel Kraft. Nur, er kam nicht wieder hoch, er schaffte es nicht, noch nicht, er mußte warten, bis der Schmerz aufgehört hatte.

Nein, er durfte nicht warten, Karli war ins Dorf gegangen, er hatte die Waffe mitgenommen. Und Rüdiger wußte, was der Blonde vorhatte. Der Idiot hatte sich um den letzten Rest Verstand gesoffen, es ging nicht in sein vernebeltes Hirn, was er aufs Spiel setzte und daß er sie alle in Gefahr brachte. Er kapierte einfach nicht, daß das Mädchen für die Alten im Dorf ein Stück Hoffnung war. Rüdiger durfte nicht warten. Nur, er kam nicht hoch, er schaffte es nicht.

Er versuchte es noch einmal, drehte sich ein Stück weiter, wollte die Beine anziehen, tastete mit den Händen nach Halt. Und da sah er, daß Geli unter der Tür stand und zu ihm herunterstarrte.

»Schnell, weck Artur«, keuchte er. »Sag ihm, er soll Karli zurückholen. Er geht ins Dorf, er will dem Mädchen etwas tun. Sag Artur, er soll sich beeilen.«

17

Die Männer standen in der Küche und starrten dem Blonden entgegen; der schob Georg Lanzerath vor sich her, aber obwohl er die Repetierbüchse im Arm trug, konnte man bei dem Anblick nicht auf den Gedanken kommen, er hätte

den blinden alten Mann als Geisel genommen, es sah eher so aus, als duckte er sich hinter dem Alten wie hinter einem lebenden Schild. Karlis Augen huschten von einem zum anderen, vom Schnapsrausch war nur der glasige Blick geblieben; mit dem Mut, den er sich unterwegs noch lallend eingeredet hatte, war es nicht mehr weit her. Daß die Männer in Georg Lanzeraths Küche standen, verwirrte ihn, mißtrauisch vermutete er irgendeine Heimtücke, versuchte er den Anlaß der Versammlung zu erkennen, aber ehe es ihm noch gelang, den zweiten Gedanken am ersten anzuknüpfen, hatte der sich schon im Alkoholnebel aufgelöst. Und so sahen die Männer ihn denken; verdammt, was wollt ihr hier, sahen sie ihn denken, und sie starrten zurück und ließen ihn die Wut in ihren Augen lesen.
Aber dann entdeckte Karli am Fenster das Mädchen, er sah die erschrockene Ahnung in Kathrins Augen, und sekundenschnell wuchs der winzige Rest Mut, der ihm geblieben war, zu gierigem Übermut.
Mit dem Lauf der Repetierbüchse scheuchte er Georg Lanzerath zu den anderen Männern, von der Tür weg schob er sich nach links, immer die Wand im Rücken und den Tisch zwischen sich und den Alten, Schritt um Schritt schob er sich weiter, bis er neben Kathrin stand und nach ihrem Arm greifen konnte. Nur, daß die Männer sich immer noch nicht rührten, mit keiner Bewegung aufmuckten, nicht einmal zu raunen oder zu murmeln begannen, machte ihm angst. Verstanden sie in ihren dumpfen Bauernschädeln einfach nicht, weshalb er gekommen war, oder war es ihnen gleichgültig... oder wußten sie etwas, was er nicht wußte – etwas, was sie sicher machte, so stumm und reglos sicher, daß er dem Mädchen nichts antun könnte?
Paul Kahlen stand da, groß und gebeugt, und Josef Küppers, einen halben Kopf kleiner, mit hängenden Schultern, und Wilhelm Honert – mit Händen, fast so groß wie Arturs Hände, und Johannes Zavelberg, straff, geduckt, wie auf dem Sprung, und ganz außen, als letzter in der Reihe, der blinde alte Mann, der zählte ja nicht. Nur den vier anderen traute der Blonde nicht, sie konnten ihm in die Quere kommen; alte Männer zwar, aber eben vier, und er hatte nur zwei Kugeln in der Büchse.
»Ihr da«, herrschte er die Männer an, »raus mit euch! Los, haut ab, verschwindet!« Und weil er mit der linken Hand Kathrins Arm gepackt hielt und im rechten Arm die Büchse trug, konnte er nur mit einer fahrigen Kopfbewegung zeigen, wohin sie ver-

schwinden sollten: den schmalen Flur entlang, zur Haustür hinaus.
Er verfluchte sich, weil er nicht daran gedacht hatte, mehr Munition mitzunehmen, und weil er einfach nicht mit der Möglichkeit gerechnet hatte, daß die Männer hier sein könnten, der mit dem finsteren Blick, der sowieso nicht gehorchen wollte, und der andere, dem sie die Büchse weggenommen hatten, und der mit den großen Händen, den sie gezwungen hatten, das Zicklein zu schlachten, und auch der Geduckte, der so stand, als ob er ihn gleich anspringen wollte, der, den Karli für den gefährlichsten hielt – war das nicht der, bei dem sie sich den Obstschnaps geholt und den Hühnern die Gurgel umgedreht hatten?
Der Blonde stand und starrte und konnte es nicht begreifen: die alten Männer gehorchten, sie widersprachen nicht, nicht einmal ein Betteln kam über ihre vertrockneten Lippen, sie wandten sich zur Tür, sie taten, was er ihnen befahl. Sie waren eben doch nur, wofür er sie die ganze Zeit über gehalten hatte: erbärmliche Memmen, triefäugige Alte, froh darüber, daß sie für diesmal ungeschoren davonkamen und die eigene Haut retten konnten.
Der Blonde grinste, er schickte sein Mißtrauen mit ihnen hinaus, er rülpste laut, die Angst, diese lächerliche Angst, die ihn eben noch ratlos gemacht hatte, rülpste er aus sich heraus. Ein paar Atemzüge lang hatte er gedacht, sie könnten ihm gefährlich werden, die sabbernden alten Männer, aber es war ja nur die erste Verblüffung gewesen, weil er nicht mit ihnen gerechnet hatte. Weg mit euch, altes Kroppzeug, dachte er, verschwindet, ehe ich zu kotzen anfange.
»Du da!« rief er Georg Lanzerath zu. »Ja, dich meine ich, Blinder, geh hinter ihnen her, schließ die Tür zu, schieb den Riegel vor und bring mir den Schlüssel.«
Einen Augenblick lang sah es so aus, als wollte der blinde alte Mann sich auflehnen, dann beugte er die Schultern und schlurfte hinaus. Der Blonde hörte, wie der Riegel knirschte und der Schlüssel gedreht wurde, er hörte die schleppenden Schritte zurückkommen, und dann stand der alte Mann vor ihm, hielt ihm den Schlüssel hin und sah ihn aus seinen blinden Augen an.
Verdammt, er sieht mich gar nicht an, dachte der Blonde, er sieht in mich hinein. Aber als er gerade anfangen wollte, unter dem stummen Blick zu frieren, spürte er Kathrins Haut zwi-

schen den Fingern der linken Hand, spürte sie warm und jung und lebendig, und die Kälte der toten Augen konnte ihm nichts mehr anhaben.
Er nahm dem Alten die Schlüssel ab, es war nur ein Schnauben, ein halb ersticktes Keuchen, mit dem er Georg Lanzerath wegscheuchte, atemlos schon vor Gier, und dann packte er Kathrins Arm fester und sagte: »Ich geh jetzt mit dem Mädchen nach oben. Rühr dich nicht, Alter, setz dich an den Tisch und stell dich taub. Und falls dir doch in den Sinn kommt, mir Schwierigkeiten zu machen, dann denk vorher daran, daß ich zwei Kugeln im Lauf habe, eine für dich und eine für das Mädchen.«
Er war froh, als das heraus war, nicht nur, weil ihm wieder die Zunge schwer wurde, sondern vor allem, weil ihm einfiel, daß es eben nur zwei Kugeln waren und daß die vier, die er hinausgeschickt hatte, ihm vielleicht draußen vor dem Haus auflauerten. Wäre es ihm früher eingefallen, hätte seine Stimme gezittert, aber so war es heraus, und die Haut, die er zwischen den Fingern der linken Hand spürte, fühlte sich zu warm und zu jung und zu lebendig an; was nachher geschehen mochte, draußen vor dem Haus, darüber konnte er später immer noch nachdenken.
Er packte Kathrins Arm fester, drehte ihn ihr auf den Rücken und schob sie vor sich her. Sie schrie nicht auf, sie wehrte sich nicht, sie stöhnte nicht einmal, und er mußte sich gegen die Wut wehren, die sich auf einmal in ihm breit machte und ihm die Gier wegfressen wollte – die Wut darüber, daß sie sich so willig den Flur entlangschieben ließ, bis zur Treppe und auch die ersten Stufen hinauf, die Wut darüber, daß sie nicht zu weinen anfing und nicht jammerte und bettelte.
Du kleines Luder, dachte er auf der Mitte der Treppe, vielleicht willst du es sogar? Du Miststück, warum bringst du mich um den ganzen Spaß?
Als die Treppe schon hinter ihm lag, auf dem oberen Flur, als er schon zu keuchen begonnen hatte vor fiebernder Erregung, weil er durch die offene Tür Kathrins Kammer sah und das Bett mit der rot und weiß gewürfelten Steppdecke, ging ihm noch einmal durch den Kopf, daß es besinnungslose Angst gewesen sein mußte, was die alten Männer so starr gemacht hatte, und daß der Großvater wohl einfach nicht mehr begreifen konnte, warum Karli das Mädchen vor sich her nach oben schob. Er

dachte noch, daß sie jämmerliche Feiglinge wären, so tot wie das Dorf und so nutzlos wie die alte Straße.
Und dann traf ihn der Schlag, schräg von hinten traf er ihn, ein wuchtiger Schlag, irgend etwas zersplitterte, ein Krug oder eine Vase oder sein Kopf. Grell zuckendes Licht hüllte ihn ein, er hatte gerade noch Zeit zu denken, daß jemand hinter der Tür gestanden hatte, aber das konnte nicht sein, er hatte sie ja alle hinausgeschickt, und sie hatten stumm gehorcht.

Zuerst sah Henze gar nicht hin; er sah nicht auf Karli hinunter, der auf den rauhen Holzdielen lag, seltsam verdreht, als hätte er noch im Fallen sich umwenden und zurückschauen wollen, auch das Blut sah er nicht, das aus der Platzwunde hart über der Schläfe sickerte und eine dünne Spur bis hinunter zum blonden Backenbart zeichnete, und nicht die Wasserlache auf dem Holzfußboden, wo der Krug zerschmettert war. Er sah nur den Henkel, den er in der Hand hielt, den abgebrochenen Henkel, und sein erster Gedanke war, daß dann der Schlag mit dem Wasserkrug nicht so hart gewesen sein konnte.
Gott sei Dank, dachte er, ich habe ihn nicht erschlagen.
Und als sein Blick schließlich doch nach unten fiel, sah er, daß der Blonde sich bewegte, kraftlos und unendlich langsam. Warum keucht er nur so? dachte er, bis er merkte, daß das Keuchen aus seiner eigenen Brust kam.
Er langte zu Kathrin hinüber, streichelte sanft über das kastanienbraune Haar und sagte: »Sie müssen keine Angst mehr haben, er wird Ihnen nichts tun.«
»Ich habe keine Angst«, antwortete sie ganz ruhig. »Ich wußte ja, daß Sie hier oben sind. Alle haben es gewußt, mein Großvater und die anderen Männer auch. Darum haben alle getan, was er befohlen hat. Sie wußten ja, daß Sie hier sind und ihn aufhalten werden.«
Alle hatten es gewußt? Er hatte es nicht gewußt.
Das Mädchen stieß die Repetierbüchse mit dem Fuß beiseite, bücke sich, drehte den Körper des Blonden ein Stück und zog den Haustürschlüssel aus Karlis Hosentasche. Dann stieg es über den Blonden weg, ging ein paar Schritte über den Flur, auf die Treppe zu, und ehe es hinunterstieg, drehte es sich um und sagte: »Danke«.
Henze rührte sich nicht, er stand bei dem Mann, den er niedergeschlagen hatte, es mochte vielleicht aussehen, als ob er ihn

bewachen wollte, aber das war nicht seine Absicht, es gab überhaupt nichts, was seine Absicht gewesen wäre. Er stand einfach nur da, sah, was geschehen war, und überlegte nicht, was jetzt geschehen könnte oder geschehen müßte, er rechnete die nächsten Schritte nicht aus; zum ersten Mal seit langer Zeit rechnete er nicht in die Zukunft hinein.

Wie von weit her hörte er unten Kathrin sagen: »Der Fremde hat ihn niedergeschlagen.«

Und er hörte die schlurfenden Schritte und den Schlüssel im Schloß gehen und den Riegel knirschen und dann hastige Schritte, schwer wie von Stiefeln und derbem Schuhwerk, und wieder jemanden, der sagte, der Fremde hätte ihn niedergeschlagen. Dann waren die Schritte auf der Stiege, und auf einmal drängten die Männer sich im Flur, einer bückte sich und hob die Repetierbüchse auf, das mußte wohl Josef Küppers sein, die anderen packten den Blonden, zwei faßten ihn an den Beinen, einer an den Armen, sie trugen ihn, Henze hörte, wie der Körper schleifend auf die Treppenstufen schlug, die Haustür ging; die Männer, die bis dahin stumm gewesen waren, fingen zu reden an, aber was sie redeten, verstand Henze nicht, es war alles ganz fern und unwirklich, als ob es ihn nichts anginge. Er stand immer noch da und starrte auf den Boden, auf die Wasserlache und den zertrümmerten Krug.

Erst als der Blonde zu schreien anfing, wachte Henze aus seiner Erstarrung auf.

»Nein!« hörte er den Blonden schreien, »nein, nein.« Er schrie immer wieder ›nein‹, unendlich viele Male, und als Henze gerade dachte: Er wird so weiter schreien, bis in Ewigkeit wird er so schreien – verstummten die Schreie.

Er stürzte ans Fenster, sah hinunter auf die Straße, auf den Schnee, der in der Sonne funkelte. Da knieten die Männer und hielten den Blonden gepackt, alle vier hielten sie ihn jetzt, und Karli lag bäuchlings im Schnee. Einer, der Größte von den vieren, hatte die Hand in den blonden Haaren verkrallt und drückte Karlis Kopf in den Schnee, ganz tief drückte er ihn, und er beugte sich nach vorn, lehnte sein ganzes Gewicht in den Griff, mit dem er den Kopf in den Schnee drückte, so tief schon, daß die Hand versunken war im goldbestäubten glitzernden Weiß. Der Blonde zuckte, er wollte mit den Beinen strampeln, sich wälzen und aufbäumen, aber sie hielten ihn fest. Es waren alte Männer, aber sie waren vier.

»Nein«, sagte nun auch Henze, er sagte es fast lautlos gegen die Fensterscheibe, der Atemhauch malte einen milchigen Film auf das Glas, »nein, nein.« Er sagte es viele Male, und dann sah er, daß der Blonde nicht mehr zuckte, daß die Beine nicht mehr zu strampeln versuchten und daß der eine, der Größte von den vieren, Karlis Kopf losließ und die Hand aus dem Schnee zog.
Sie hatten den Blonden erstickt, an einem Sonntag, am sechsten Tag, nachdem es angefangen hatte zu schneien und die jungen Fremden in das Dorf gekommen waren, das friedlich im kalten Schein der Wintersonne lag. Es war still im Dorf, unnatürlich still, kein Kinderlachen, kein Hundegebell, ein totes Dorf, hätte Henze gedacht, wenn nicht aus den Schornsteinen auf den steil gesetzten Dächern grauweiße Krauselwölkchen gestiegen wären und wenn nicht der Blonde da unten gelegen hätte, im Schnee auf der Straße, den Kopf nach Osten, zum Haus der Düsseldorfer hin.
Und da sah Henze den Großen kommen, gerannt kam er, wiegend und schaukelnd vor Hast, den Mund aufgerissen, die Schaufelhände nach vorn gereckt. Es sah wie eine drohende Geste aus, aber es hätte auch eine abwehrende sein können... Nein, wußte Henze auf einmal, es war ein Betteln, und es blieb nicht stumm.
»Hört auf!« hörte Henze den Großen grölend schreien, »hört auf, er tut euch nichts, ich hole ihn.« Zerbissenes Kollern, das ihm keuchend über die Lippen rutschte, während er immer weiter rannte, auf die vier Männer zu.
Josef Küppers wartete, bis Artur auf zehn Schritte heran war. Dann hob er die Büchse. Er zielte nur sehr kurz, dann drückte er ab. Der Schuß war wie ein scharfer Peitschenknall, grell und hart, erst der Widerhall von den Hauswänden kam weich und zerbrochen, und das letzte Echo, das der Waldrand zurückwarf, schwappte ins Dorf wie eine Welle, die auf dem Weg bis zum Ufer kraftlos geworden ist.
Der Große stand einen Augenblick, starrte die vier Männer an, der Mund klappte ihm auf, Speichel rann aufs Kinn, und dann färbte der Speichel sich rot. Artur wollte noch einmal die Hände heben, bis zu den Hüften brachte er sie hoch, er wollte noch einmal schreien, nur ein keuchendes Lallen wurde daraus, und als er das letzte Stück davon abbiß, brach er in den Knien ein, preßte die Schaufelhände vor den Bauch, breitete die Arme ein Stück weit aus, die Handflächen nach vorn, als ob er den Män-

nern zeigen wollte, daß sie blutbefleckt waren, und dann fiel er zu Boden. Er lag nicht weit vom alten Baum, der keine Krusebuch und keine Hexenbuche war, die Marienbuche, hatte Paul Kahlen gesagt, der Baum, an dem sie den Kater gekreuzigt hatten.

Oben am Haus der Düsseldorfer stand der Schwarzhaarrige unter der Tür, er ballte die Faust und schrie: »Ihr Schweine, was habt ihr mit meinem Bruder gemacht? Er wollte euch doch nur helfen!« Er stand gekrümmt, der Schmerz im Unterleib – da, wo ihn Karlis Faust getroffen hatte – zwang ihn, die Schultern zu beugen. Vielleicht war es der Schmerz, der seine Stimme so merkwürdig hohl und die geschrieenen Worte wie ein Stammeln klingen ließ, aber vielleicht lag es auch daran, daß er schon angefangen hatte, über seinen Bruder zu weinen.

Diesmal zielte Josef Küppers sehr lange, die Entfernung bis zum Haus der Düsseldorfer war groß, und er hatte nur noch einen Schuß im Lauf. Als er abdrückte, schien es den Schwarzhaarigen einen Schritt seitwärts zu reißen. Die linke Hand zuckte hoch, wie ein Fächer legte sie sich schützend über den rechten Oberarm, zwischen den gespreizten Fingern quoll es rot. Der Schwarzhaarige wankte ins Haus, die moosgrüne Tür flog zu. Das Echo des Schusses kam weich und zerbrochen von den Hauswänden zurück.

Und während Henze auf den letzten Widerhall wartete, auf die schwappende Welle, die vom Waldrand ausging und im Dorf verebbte, dachte er: Das mit dem Vorhängeschloß, das wird Rüdiger allein nicht schaffen. Aber vielleicht hilft ihm Geli dabei.

18

Rüdiger lehnte sich an die Wand der Diele, er war blaß, sein Mund zuckte, in seinen sanften braunen Augen hätte Geli Verblüffung, Angst und Schrecken lesen können, wären nicht die Tränen gewesen, die alles verschleierten.

»Warum haben sie das getan? Ich hatte doch Artur nur losgeschickt, um Karli zu holen. Sie haben ihn einfach abgeknallt. In den Bauch haben sie ihn geschossen.« Er sprach leise, es war wie ein Wimmern, und er hatte es nicht zu Geli gesagt, nur zu sich selber.

Sie sah das Blut zwischen den gespreizten Fingern der linken Hand, dünne Blutfäden, der oberste kroch über den Mittelfinger, tropfte auf den Ringfinger herab, mündete dort in eine andere feine rote Spur und lief nach rechts weiter, auf den Handrücken zu.
»Du blutest«, sagte sie. »Wo habt ihr Verbandszeug?« Und dann schrie sie: »Emma, kommen Sie schnell, er blutet.«
»Ich hatte Karli gewarnt«, murmelte der Schwarzhaarige. »Wenn du das Mädchen nicht in Ruhe läßt, werden sie sich wehren, habe ich ihm gesagt. Er hat nicht hören wollen, und er war betrunken. Das hätten sie doch merken müssen, daß er betrunken war, nicht wahr? Man kann doch nicht einen umbringen, der gar nicht mehr weiß, was er tut. Und Artur wollte ihnen helfen. Er wollte sie nur vor Karli beschützen.«
Emma Jaschob stand in der Küchentür, ihr Gesicht – wie aus rissigem Holz geschnitzt, mit einem Haarnetz aus unzähligen Fältchen überzogen – zeigte keine Bewegung. Sie sah das Blut, dann sah sie Geli an, nur ganz flüchtig, und während sie sich schon umwandte, sagte sie: »Er soll in die Küche kommen, ich werde ihn verbinden.«
Geli faßte Rüdiger am Ellbogen. »Geh schon. Hast du nicht gehört? Geh in die Küche, sie will dir helfen. Ich seh in der Garage nach, ihr müßt doch Verbandszeug im Wagen haben. Gib mir den Schlüssel.«
Er ließ den rechten Oberarm los, das Hemd war aufgerissen, an den Rändern der Rißstelle versengt, darunter – da, wo die Haut sein mußte – lag rohes, sehniges Fleisch. Mit der blutverschmierten linken Hand langte er in die Tasche, zog den Schlüssel zur Garage heraus und hielt ihn Geli hin. Er erklärte ihr nicht, daß es der Schlüssel für die Verbindungstür zwischen der hinteren Diele und der Garage war, auch nicht, wo sie das Verbandszeug finden konnte, er hielt ihr den Schlüssel nur hin und sagte:
»Sie hatten keinen Grund, das zu tun. Wir wären morgen weggefahren und hätten ihnen vorher Geld gegeben. Es ist doch gar nichts geschehen, was man nicht mit Geld gutmachen könnte. Die Hühner und die Hunde und die Katze... Sechshundert Mark wollten wir ihnen geben. Das wäre doch genug gewesen.«
Geli dachte daran, daß Artur die Männer geschlagen hatte, und sie erinnerte sich an Karlis grapschende Hände und wußte, daß

er es sicher auch bei dem Mädchen im Dorf versucht hatte, und dann fiel ihr ein, das Werner gesagt hatte, die alten Leute würden es nicht riskieren, zwei Zeugen laufenzulassen.
Sie fand die Tasche mit dem Verbandszeug im linken hinteren Radkasten. Die Tür zwischen der Garage und der kleinen Diele ließ sie offen stehen. Als sie in die Küche kam, saß Rüdiger auf einem Stuhl, Emma Jaschob hatte den Hemdsärmel weiter aufgerissen, die Wunde mit einem feuchten Tuch abgetupft und eine graugelbe, nach Kräutern riechende Salbe auf die Wundränder gestrichen. Sie nahm die Tasche, die Geli aus dem Landrover geholt hatte, suchte eine Mullbinde heraus, riß die Verpackung auf und fing an, den Verband anzulegen. Sie arbeitete rasch und ruhig, sie sah weder den Schwarzhaarigen an noch Geli.
»Sie werden ins Haus kommen und uns auch töten wollen«, sagte Geli.
Rüdiger starrte sie an. »Warum sollen sie mich töten? Ich habe ihnen nichts getan. Artur hat die Männer geschlagen. Und Karlis Dummheiten – an denen bin ich erst recht nicht schuld. Ich hab das nicht gemacht, das mit den Hühnern und das mit den Hunden, ich war das nicht. Ich war immer freundlich zu allen, habe nie jemanden angeschrien. Hier, die alte Frau...« Er suchte Emma Jaschobs Blick, aber sie hob die Augen nicht. »Die alte Frau kann das bestätigen, ich war der einzige, der freundlich mit ihr geredet hat.«
»Sie werden dich trotzdem töten«, sagte Geli. »Du hast gesehen, was sie mit Karli und Artur gemacht haben. Sie werden dich nicht laufenlassen.«
Seine braunen Augen blickten unruhig umher, es waren keine Tränen mehr darin, nur am unteren Lid glänzte noch ein Tropfen, der sich verfangen hatte.
»Sie können ja nicht ins Haus«, sagte er. »Ich habe die Schlüssel.«
Geli dachte an das Dielenfenster, aber dann fiel ihr ein: »Sie werden auch mich töten. Sie wollen keine Zeugen.«
Plötzlich begann er zu keuchen. »Ich weiß, wie wir's machen. Wir nehmen den Landrover. Hol schon dein Gepäck und bring es in den Wagen. Und raff auch bei mir zusammen, was du findest. Wir stoßen das Garagentor auf und fahren los, mitten durchs Dorf. Sie können uns nicht aufhalten. Auch mit der Büchse nicht. Es waren nur zwei Patronen, und sie haben zwei-

mal geschossen. Mach schnell, hol die Sachen, wir fahren sofort los.«

Sie hatte ihm gar nicht zugehört, sie war zu sehr mit ihren eigenen Gedanken beschäftigt. »Sie wollen alle töten«, sagte sie leise, und diesmal schien sie es zu sein, die nur zu sich selber sprach. »Nur Werner werden sie nicht töten, er ist bei ihnen im Dorf.« Wieder fiel ihr das Dielenfenster ein, und auf einmal wußte sie, daß es noch eine Chance gab.

Sie ging aus der Küche, und als er ihre Schritte nicht auf der Treppe hörte, rief er hinter ihr her: »Was ist los, Geli? Holst du nicht die Sachen?«

Sie gab ihm keine Antwort. Sie hatte schon das Dielenfenster aufgedrückt, der Hang lag vor ihr, die Sonne malte funkelnden Goldstaub auf den Schnee.

Werner Henze war nach unten gegangen, er stand bei den Männern vor Georg Lanzeraths Haus, stumm wie sie. Sie sahen einander nicht an, und sie schauten auch nicht auf die beiden Toten, die im Schnee lagen.

Aber es war gar nicht so einfach, den Blick ins Nichts zu richten, es gab kein Nirgendwo, es gab nur Wahrnehmungen, und bei jeder Wahrnehmung begannen in Henzes Kopf Gedanken zu kreisen. Das Haus der Düsseldorfer – Freitagnacht war er so froh gewesen, dort anzukommen. Die moosgrüne Tür, die einen Spalt weit offen gähnte – das hatte er gleich bemerkt, noch ehe er zusammengebrochen war. Die Trampelspur, die von der Seitentür zur Straße führte – der Weg, den Emma Jaschob jetzt nicht mehr gehen konnte. Im Sonnenlicht der Hang – dort hatte Geli mit den drei jungen Männern herumgetollt und dem Schwarzhaarigen zum ersten Mal erlaubt, seinen Arm um ihre Schulter zu legen. Darüber der Waldrand – von dort oben hatte Henze das warme gelbe Licht gesehen.

Und dann gab es endlich doch etwas, woran seine Augen sich festhalten konnten.

Sie kam ums Haus, bis auf den freigeschaufelten Weg, der kaum noch auszumachen war im eingesunkenen Schnee. Sie hastete, als ob sie davonrennen wollte, aber sie kam nicht sehr schnell voran, ihr Schritt war unsicher. Er sah, daß sie vergessen hatte, die Daunenjacke anzuziehen, und auch die Stiefel hatte sie vergessen, darum stakte sie so unsicher durch den Schnee.

Ich war nicht da, um ihr zu sagen, daß sie die Jacke braucht, und um ihr die Stiefel zu holen, dachte er. Auch oben bei der alten Straße, als wir im Schnee steckengeblieben waren, habe ich es ihr sagen müssen, damals in der Nacht. Wann war das gewesen? Mein Gott, vor unendlich langer Zeit. Gleich wird sie neben mir stehen und ihren Arm bei mir einhängen und sagen... nein, sagen wird sie es nicht, sie muß es nicht erst sagen, ich weiß es ohnehin. Sie braucht immer jemanden, bei dem sie sich einhängen und Schutz suchen kann.

Als sie nur noch zwei Schritte entfernt war, fiel ihm ein, daß er nicht wußte, was er zu ihr sagen wollte. Heute nacht waren ihm viele Fragen durch den Kopf gegangen, aber von denen würde er bestimmt keine stellen, jetzt nicht. Er bewegte lautlos die Lippen, und auch sie flüsterte irgend etwas, was er nicht verstehen konnte. Sie versuchte ein zaghaftes Lächeln, doch dann sah sie, daß sein Gesicht geschwollen war; das Lächeln verkümmerte. Es war fast wie zwischen Susanne und ihm: es gab nur suchende Blicke, unausgesprochene Fragen und den Anfang eines Lächelns. Er sah, daß sie zitterte, zog den Parka aus und hängte ihn ihr um die Schulter.

»Artur hat mich geschlagen«, sagte er, als ob er es ihr erklären müßte. »Rüdiger wollte, daß er es tut.«

Sie zog den Parka fester, ihre Augen sagten danke, und von ihren Lippen hörte er: »Rüdiger sagt, es wäre nicht seine Schuld.«

Er nickte. »Ich weiß. Niemand ist schuld, das ist immer so.«

Er wartete, daß sie nun etwas erklären würde. Sie brauchte ja nur zu sagen: Es war nichts heute nacht oder Was hätte ich machen sollen, ich konnte ja nicht weg. Sie hätte auch sagen können: Ich wollte sowieso kommen. Wenn das mit Karli nicht passiert wäre, wäre ich schon vorher gekommen. Auch das hätte sie sagen können, einfach nur so.

Vielleicht hat sie es gerade sagen wollen, sie ist nur nicht mehr dazu gekommen, dachte er, als oben am Haus der Düsseldorfer das Garagentor aufgestoßen wurde. Die Männer, die neben ihm standen, strafften sich. Josef Küppers faßte nach der Repetierbüchse, als hätte er nicht genau gewußt, daß keine Patrone mehr im Lauf war. Der schmutziggelbe Landrover rollte aus der Garage, bog auf die Straße ein, kam auf sie zu.

Der Schwarzhaarige fuhr langsam, der Wagen schlingerte ein wenig, und Henze dachte, es müsse an der Schneeglätte liegen, bis ihm der zweite Schuß einfiel und Rüdigers Oberarm und das Rot, das zwischen den gespreizten Fingern der linken Hand hervorgequollen war. Er darf das Lenkrad nicht so locker halten, dachte er, mein Gott, jetzt gibt er auch noch Gas, er will es schnell hinter sich haben, er hat Angst, weil er die Männer hier stehen sieht – alte Männer, sie haben ja nichts als ihre Wut und eine Büchse ohne Munition, sie können ihn gar nicht aufhalten. Er darf nicht so schnell fahren, weil er das Lenkrad nicht fest genug halten kann, dachte er, eine einzige tiefe Stelle im Schnee, ein Schlagloch, das er nicht erkennen kann, weil es zugedeckt ist...

Die Männer sahen stumm dem Wagen nach, ihre Gesichter waren hart, sie ließen die Arme hängen, die Hände waren nicht zur Faust geballt, es sah eher aus, als ob sie zupacken wollten, aber kein Ziel fanden, nach dem sie greifen konnten; die Wut in ihren Augen war noch nicht erloschen, sie war nur ganz klein geworden, weil die Hilflosigkeit ihr den Platz streitig machte. Aber dann ging ein Ruck durch die Männer, sie atmeten keuchend, die Finger krümmten sich, Paul Kahlen tat den ersten Schritt.

Am vorletzten Haus auf der linken Seite war es geschehen. Es war, als hätte der schwere Wagen von unten einen Stoß bekommen, er wurde herumgerissen, er schleuderte auf das Haus zu, kurz vor dem Hoftor kam er zum Stehen. Die linke Tür flog auf, der Schwarzhaarige kam heraus, er blickte zurück, dann ruckte sein Kopf nach rechts, wieder nach links, er wirbelte herum, er suchte einen Fluchtweg.

Er ist nicht einmal so weit gekommen wie ich heute nacht, dachte Henze, und erst, als er hinter dem Gedanken hersann, fiel ihm auf, daß er nicht gedacht hatte: wie Geli und ich.

Der Schwarzhaarige begann zu rennen. Er hatte die schmale Lücke zwischen den Häusern entdeckt, wahrscheinlich ein Weg, der zu den Gärten führte und weiter den Hang hinauf – immer weiter, zum Waldrand und dann zur alten Straße.

Er hatte wohl vergessen, daß Karli gesagt hatte, die Straße führe nirgendwohin.

Er rannte, aber seine Schritte wurden schon schwerer, er hielt sich den rechten Oberarm, er rannte sich im Schnee fest, Henze wußte, wie das war. Und die Männer schienen zu wissen, daß sie Zeit hatten. Nur einen Schritt hatte Paul Kahlen getan, dann war er stehengeblieben.

Er wandte sich um, und er meinte wohl Henze, als er sagte: »Wir brauchen Schneeschuhe.«
»In der Garage«, sagte Henze.
Paul Kahlen und Johannes Zavelberg gingen los, sie gingen langsam und bedächtig, sie hatten keine Eile, der Schwarzhaarige war noch nicht weit gekommen, seine Schritte im schweren nassen Schnee wurden immer schleppender.
Als Paul Kahlen und Johannes Zavelberg zurückkamen, trug jeder vier von den geflochtenen Ovalen. Sie trugen sie in der linken Hand, mit der rechten hielten sie die kurzstieligen Beile. Wilhelm Honert schnallte die Schneeschuhe an, er nahm auch ein Beil, Josef Küppers machte sich fertig, er mußte das Beil in die linke Hand nehmen, weil er rechts die Repetierbüchse trug, Johannes Zavelberg... Und es war wieder Paul Kahlen, der den ersten Schritt tat.
Sie kamen schnell voran, viel schneller als der Schwarzhaarige. Vielleicht schafft er es noch bis zum Waldrand, dachte Henze.
Und dann kam Georg Lanzerath auf ihn zu, Kathrin führte ihn.
»Können Sie den Wagen fahren?« fragte der blinde alte Mann.
Henze zuckte die Achseln. »Ich glaube, er steckt im Schnee fest.«
»Kathrin wird die Frauen rufen«, sagte Georg Lanzerath. »Sie werden den Wagen auf die Straße zurückschieben. Von dort aus müssen Sie es dann schaffen. Kathrin sagt, es wäre ein Geländewagen, damit müßten Sie nach Rodersfelden durchkommen. Holen Sie inzwischen Ihr Gepäck aus dem Haus, wir kümmern uns um den Wagen.«
»Sie wollen uns wegfahren lassen?« fragte Henze ungläubig.
Und der blinde alte Mann fragte zurück: »Warum nicht? Ist nicht schon genug Blut geflossen und genug gestraft worden?«
Henze schüttelte entschieden den Kopf. »Das war keine Bestrafung, das war Mord.«
Die blinden Augen blickten wieder tief in ihn hinein. »Richtet nicht, auf daß ihr nicht gerichtet werdet.«
»Ach?« sagte Henze. »Habe ich nicht von Ihnen gehört, daß es keinen Zweck hat, Sprüche aufzusagen, weil die Bibel uns ja doch nicht davon abgehalten hat, Böses zu tun?«
Ein Lächeln erschien auf den rissigen Lippen des alten Mannes, nur sekundenlang. »Ich weiß, daß Sie es gehört haben. Aber Sie wissen, daß es nicht für Ihre Ohren bestimmt war. Darum soll-

ten Sie es vergessen – und vieles andere auch. Auch Sie sind geschlagen worden, und auch Sie haben gehaßt und an Mord gedacht.«
»Aber ich habe nicht getötet«, sagte Henze trotzig. »Was ich getan habe, oben in Kathrins Kammer, das war Notwehr. Mit den Morden habe ich nichts zu tun.«
Georg Lanzerath nickte. »Wie Sie vorhin gesagt haben: Niemand ist schuld, das ist immer so.« Und nach ein paar Atemzügen, schon halb zum Gehen gewandt: »Lesen Sie zu Hause in Ihrer Bibel, bei Matthäus steht es, im fünften Kapitel. Den Alten ist gesagt worden: Du sollst nicht töten, denn wer tötet, der soll des Gerichts schuldig sein. Ich aber sage euch: Wer in seinem Herzen Haß hegt gegen seinen Bruder, ist des Gerichts genauso schuldig.« Der alte Mann war schon bis zum Hoftor gekommen, als er sich noch einmal umwandte. »Vielleicht haben Sie keine Bibel zu Hause. Und wenn Sie eine haben, werden Sie sich keine Zeit nehmen, darin zu lesen. Es bleibt einem viel liegen, wenn man ein paar Tage unterwegs ist. Da ist es am besten, man vergißt, was gewesen ist, und schaut nach vorn. Es gibt immer viel zu tun, lauter Dinge, zu denen man bisher nicht gekommen ist.« Er stieß die Seitentür auf. »Beeilen Sie sich«, sagte er, »Sie müssen fort sein, ehe die anderen zurückkommen.«
Henze spürte, daß Geli an seinem Arm zog. Als er neben ihr zum Haus der Düsseldorfer ging, mußte er doch seinen Arm um ihre Schulter legen. Sie stapfte unsicher durch den Schnee, sie brauchte seinen Halt, weil sie vergessen hatte, die Stiefel anzuziehen.
Er schaute nicht zurück, auch nicht zum Waldrand hinauf, um zu sehen, wie weit Rüdiger schon gekommen wäre und wie lange es noch dauern mochte, bis die Männer ihn eingeholt hätten. Es ging ihm nur durch den Kopf, daß Josef Küppers keine Patrone mehr im Lauf hatte und daß wohl der Hirschfänger immer noch auf dem Dachboden läge. Aber dann fielen ihm die vier kurzstieligen Beile ein.

19

Es war viel leichter, als er gedacht hatte; er durfte nur keine hastige Lenkbewegung machen, auch in den Kurven nicht, denn unter dem nassen, klumpigen Schnee war der

Boden gefroren. Er mußte langsam fahren, rechtzeitig vor jeder Steigung zurückschalten, er durfte nicht zuviel Gas geben. Mit dem 280er hätte er es schwerer gehabt, aber der Landrover war hochbordig, die vier Räder gruben sich ihre Spur und hafteten sicher. Trotzdem, ein einziger Fehler hätte genügt, der Wagen wäre herumgeschleudert, auf so einer schmalen Straße und auf dem glatten rutschigen Untergrund hätte er den Landrover nicht halten können.
Er saß verkrampft hinter dem Lenkrad, nach vorn gebeugt, um dem Schmerz auszuweichen, der von den Nackenmuskeln ausging und sich stechend, wie mit Nadelfingern, an die Schulterblätter herantastete. Er saß so verkrampft, weil er keinen Fehler machen durfte, es waren schon zu viele Fehler gewesen.
Sie schwiegen; seit sie aus dem Dorf weggefahren waren, schwiegen sie, dabei hätte es so viel zu sagen gegeben. Aber er mußte sich aufs Fahren konzentrieren, und Geli... Sie wußte wohl nicht, womit sie den Anfang machen sollte.
Als sie über die letzte Kuppe kamen und die Straße in Windungen hinunterführte in das Dorf, das sie in der Senke liegen sahen – ein großes Dorf, die Häuser um eine Kirche geschart, die winkeligen Straßen alle zur Landstraße ausgerichtet – dachte Geli wohl, jetzt wäre es Zeit, etwas zu sagen. Vielleicht hatte sie wirklich so lange gebraucht, darüber nachzudenken, womit sie den Anfang machen sollte.
»Er hat nichts bei mir versucht«, sagte sie. »Heute nacht, meine ich, er hat nichts versucht.«
Und wenn er es versucht hätte? dachte er. Er mußte es wohl zu deutlich gedacht haben, denn als sie weitersprach, klang es wie eine Antwort.
»Ich weiß, daß du gedacht hast, er hätte es versucht und ich hätte es ihm erlaubt. Du denkst oft so etwas, ich merke es dir an. Als Rüdiger seinen Arm um meine Schulter gelegt hat, hast du getan...« Sie brauchte eine Weile, bis ihr ein Vergleich einfiel, ein guter Vergleich, fand er: »... als wäre ich zu ihm übergelaufen. Aber es ist doch nichts dabei. Ein junger Kerl – ungefähr in meinem Alter, meine Güte... Wir sind eben so.«
Ungefähr in deinem Alter, dachte er, das ist das Problem. *Ihr* seid eben so. Ich gehöre nicht mehr zu denen, die eben so sind. Da liegen die verfluchten neunzehn Jahre dazwischen.
»Und Karli hat es auch nicht so gemeint«, sagte sie. »Es war doch nur Spaß.«

Das glaubte er ihr nicht, seitdem er Karlis Augen gesehen hatte, oben an der Tür zu Kathrins Kammer.
»Du bist mir keine Rechenschaft schuldig«, sagte er. Es klang viel förmlicher, als er gewollt hatte. Er wußte, daß er das Falsche gesagt hatte, er hätte sagen müssen: Ich bin froh, daß heute nacht nichts war. Ich habe die ganze Zeit gehofft, und ich habe mir gewünscht, daß du es sagst. Weißt du, ich bin ein bißchen altmodisch, ich kann nicht so denken wie die jungen Leute. Das liegt vielleicht auch an den neunzehn Jahren. Man kann nicht mehr so oft neu anfangen, wenn man sechsundvierzig ist. Es kommt nicht mehr so häufig vor, daß man stelzende Schritte hinter sich hört und auf einmal ein Mädchen neben einem ist, so ein Mädchen wie du, und sich einhängt.
Das hätte er sagen müssen. Doch dann hätte er auch sagen müssen, daß er sich immer noch nicht entscheiden konnte und daß er ahnte, wie viele Fragen Susanne ihm stellen würde, und daß er sich nicht herausreden konnte, diesmal nicht, weil es nur eine Antwort gab. Es war wie in Paul Kahlens Stube, er mußte mit Ja oder Nein stimmen.
Am Dorfrand entdeckte er eine Tankstelle, sie war geschlossen, natürlich, damit hatte er am Sonntag rechnen müssen. Aber die Tür der Montagehalle stand offen, und er sah, daß jemand in einem blauen Overall an einem Ford arbeitete. Er lenkte den Landrover auf die Stellfläche vor den Tanksäulen, stieg aus und ging auf den Mann zu.
Der im Overall guckte kurz hoch. »Wir haben zu.«
»Ich weiß«, sagte Henze, »ich will nicht tanken. Mein Wagen steckt fest, ich wollte nur fragen, ob Sie jemanden im Dorf kennen, der mich rausziehen könnte.«
Diesmal sah der Mann länger hoch, er schaute zum Landrover hinüber, dann sah er Henze fragend an.
»Das ist nicht mein Wagen«, sagte Henze. »Meiner steht oben an der alten Straße, kurz hinter einem Waldrand, ein paar Meter im Feld.«
»An der Straße nach Lützenborn?« fragte der Mann. »Lieber Himmel, wie sind Sie denn dahin gekommen? Heute wollen Sie ihn rausgezogen haben, am Sonntag? Das wird nicht billig.«
»Das ist nicht das Problem«, sagte Henze.
Der Mann wischte sich die ölverschmierten Hände an einem Lappen ab. »Na schön, wenn's Ihnen auf ein paar Minuten nicht ankommt... Ich bin hier gleich fertig, dann hol ich den Ab-

schleppwagen und fahr mit Ihnen los. Was ist es denn für ein Wagen?«
»Ein Daimler«, sagte Henze und wußte, daß es nun noch teurer würde. Es kam nicht mehr darauf an, darum fügte er hinzu: »Ein 280er.«
Der Mann schüttelte den Kopf. »Ich frag mich, was Sie auf der alten Straße gewollt haben? Also gut, ich bin gleich so weit. Sie können drin im Kassenraum warten, da ist es nicht so kalt. Die Tür ist offen.«
Henze wollte schon gehen, als ihm einfiel: »Kann ich aus dem Kassenraum telefonieren?«
Der Mann nickte. »Schalten Sie den Gebührenzähler ein.« Er beugte sich wieder über den Motor des Fords.
Henze ging zum Landrover zurück, er nahm seinen Koffer vom Rücksitz, stellte ihn auf den Boden, dann ging er um den Wagen herum und öffnete die rechte Vordertür.
»Ich fahre nicht weiter mit«, sagte er. »Der Mann da drüben zieht mir meinen Wagen raus, ich komme dann nach.«
Geli sah ihn verblüfft an. »Und ich? Warum soll ich denn allein weiterfahren? Laß den Landrover einfach hier stehen.«
Er schüttelte den Kopf. »Das ist zu nahe am Dorf. Fahr ihn, so weit du kannst. Dann stell ihn irgendwo ab und nimm für den Rest ein Taxi.«
Ihre Augen waren sehr groß. Noch größer als sonst, dachte er.
»Heißt das...? Willst du überhaupt nichts sagen? Nicht zur Polizei gehen und alles sagen?«
Er zuckte die Achseln. »Was soll ich schon sagen? Ich verstehe das meiste selber noch nicht.«
»Aber es sind zwei Morde«, wandte sie ein.
Inzwischen wahrscheinlich drei, dachte er.
»Und was wird aus uns?« fragte sie.
Er zuckte noch einmal die Achseln. »Laß mir ein bißchen Zeit.«
Es gab so vieles, was er entscheiden mußte. Nur, die Zeit, die er eigentlich gebraucht hätte, gab es nicht. Er durfte die Entscheidung nicht vor sich herschieben, das hatte er schon zu lange getan. Jetzt mußte er Susanne anrufen und dann den Wagen herausziehen lassen und nach Hause fahren und... Er brach den Gedanken ab, er wußte nicht, wie es weitergehen sollte, er wollte nicht schon wieder in die Zukunft hineinrechnen.
Als sie auf den Fahrersitz hinüberrutschte und ihre Beine über

den Schalthebel hob, dachte er: Wunderschöne Beine hat sie, Haut, die verlockend jung und zart ist. Und er dachte, wenn sie das Hotel gefunden hätten, wäre ihnen jetzt noch der ganze Abend und der Montag geblieben, und er hätte viel Zeit gehabt, Gelis Beine zu streicheln, von den Knien aufwärts, die glatten Schenkel hinauf, immer langsamer, um ihre zitternde Erwartung zu spüren.
»Ich lasse von mir hören«, sagte er, und dabei fiel ihm ein: Das letzte Mal, als er sie in einem Wagen alleingelassen hatte, hatte er ihr ein Dorf versprochen.
Viel seltsamer war, daß ihm ein paar Sekunden später – auf dem Weg zum Kassenraum – einfiel: Er hatte vergessen, Georg Lanzerath das Hemd zurückzugeben, das Altmännerhemd aus blauer Baumwolle. Noch etwas, was Susanne ihn fragen würde.

Sie schoben den Karren durch den Schnee, alle zwölf schoben sie ihn, zum Dorf hinaus nach Osten, auf der alten Landstraße, die früher nach Lützenborn geführt hatte und weiter ins Belgische, bis vor sechs Jahren noch. Die Frauen gingen auf der linken Seite; eine Hand auf den Karrenrand gelegt, schoben und drückten sie mit, Marthe Bürvenich und Berta Zavelberg, Anna Honert und Mathilde Kahlen, auch Emma Jaschob und dahinter Theresa Küppers, sie schob nicht viel, sie hielt sich eher fest, denn im nassen Schnee fiel ihr das Gehen schwer, der Schmerz im linken Bein strahlte wieder bis ins Hüftgelenk hinauf. Auf der rechten Seite gingen Paul Kahlen und Wilhelm Honert, hinter ihnen Georg Lanzerath. Auch Kathrin schob den Karren von der rechten Seite, nicht drüben bei den anderen Frauen, sondern hier, dicht hinter ihrem Großvater, das mußte so sein. Die Hauptlast hatten Josef Küppers und Johannes Zavelberg, sie gingen hinten und schoben die Deichsel. Alle faßten mit an, jeder nach seinen Kräften, so hatten sie es immer gehalten.
Sie hatten Sackleinen über den Karren gebreitet und Steine daraufgelegt, denn auf der Katzbachbrücke, über der Schlucht, wehte manchmal ein scharfer Wind, da hätte es ihnen leicht das Sackleinen mit hinunter wehen können. Aber das wollten sie wieder mit zurücknehmen ins Dorf, das brauchten sie noch. Wenn es blutig geworden war, konnten die Frauen es waschen; man wirft nicht einfach gutes Sackleinen in eine Schlucht.
Der Karren war schwer, die Toten waren kräftige junge Männer

gewesen, jeder gut an die achtzig Kilo, der Große sicherlich über hundert. Aber der Weg bis zur Katzbachschlucht war ja nicht weit, ehe es dunkel wurde, konnten sie wieder im Dorf sein.

Es lag hinter ihnen geduckt im Schnee, nicht mehr so zugeschüttet wie vor dem Wochenende, die weißen Hauben auf den steil gesetzten Dächern fingen schon zu rutschen an, und die Pelzkragen um die Fundamente der Häuser sahen naß und eingesunken aus; die Sonne hatte schon viel geschafft. Es war bestimmt nicht der letzte Schnee in diesem Winter gewesen, wer weiß, vielleicht schneite es bald wieder so heftig. Dann würde das Dorf noch einmal abgeschnitten sein, noch einmal in diesem Winter, nicht erst im Frühjahr, zur Zeit der Schneeschmelze, wenn die Ihre über die Ufer trat und das Straßenstück am Fuße des Ützkopfs unter Wasser setzte, oberhalb vom Kreuzweg.

Hoffentlich blieben ihnen wenigstens ein paar Tage, bevor es wieder zu schneien anfing, damit Josef Küppers und Johannes Zavelberg zum Kaufmann nach Rodersfelden gehen konnten; es war so vieles, was die Leute im Dorf wiederbeschaffen mußten. Und sie hatten ja jetzt genug Geld, in den Taschen der drei hatten sie es gefunden; es wäre doch schade gewesen, das Geld mit in die Katzbachschlucht zu werfen. Hoffentlich blieben ihnen wenigstens ein paar Tage, danach war es ihnen gleichgültig, ob die Landstraße nach Rodersfelden wieder zuschneite und wie lange das Dorf abgeschnitten blieb. Sie hatten nicht viel mit der Welt da draußen zu tun.

Bitte umblättern: